# 粮民

## 中国农村会消失吗?

下

爱新觉罗·蔚然 著

復旦大學出版社

**图书在版编目（CIP）数据**

粮民：中国农村会消失吗？/爱新觉罗·蔚然著．
–上海：复旦大学出版社，2010.8
ISBN 978-7-309-07321-8

Ⅰ.粮...　Ⅱ.爱...　Ⅲ.纪实文学–作品集–中国–当代　Ⅳ.I25

中国版本图书馆CIP数据核字（2010）第098886号

**粮民：中国农村会消失吗？**
**爱新觉罗·蔚然　著**

---

**出版发行**　复旦大学 出版社　上海市国权路579号　邮编200433
86-21-65642857（门市零售）
86-21-65100562（团体订购）　86-21-65109143（外埠邮购）
fupnet@fudanpress.com　http://www.fudanpress.com

---

**责任编辑**　陈军　盛亮
**出 品 人**　贺圣遂

---

**印　　刷**　北京温林源印刷有限公司
**开　　本**　787×1092　1/16
**印　　张**　30.5
**字　　数**　215千字
**版　　次**　2010年8月第1版第2次印刷

---

**书　　号**　ISBN 978-7-309-07321-8/I·553
**定　　价**　48.00（上下册）

---

如有印装质量问题，请向复旦大学出版社发行部调换。

# 目　录

2007年

# 2月26日（正月初九）

## 当农民不信任你，做好事都难

大多数人对苗族人的印象肯定是能歌善舞又美丽。是的，这个印象绝对没有错。但现实生活中的苗族人，尤其在农村生活的苗族人，大家可能就不是很了解吧。今天我第一次走进了苗家山寨，与苗寨人有了第一次亲密接触。

帮扶“万村行”其实并不是一件轻松的事情，它不单单是体力上的艰辛。体力上的艰辛我完全可以自我调整和承受。可另一种不轻松时常让我感到有种透不过气的沉重，同时伴有很多无法吐露的委屈。

今天早晨我是从铜仁市出发，骑上自行车向北走，走进了松桃县境内。在早晨出行前我还一再告诫自己：一定要走进村寨，不进村寨不就是在白白浪费时间和精力嘛！但当我看到村寨时还是很发怵，发怵的是这个村寨的农民又会对我是什么样的看法和态度呢？这个村寨的村民又会用何种眼光看我，用何种心态对待我？是信任？还是其他？我不敢想象下去，因为我已经被许多村民给予的“怀疑、不信任”压得有些透不过气了。

就在我漫无目的地在公路上骑行时，在公路的一个拐弯处我猛然间看到路边上的一个低洼处，有一个类似窝棚的简陋房子。我硬着头皮，走到那处房子前。我向房前的人打听那个窝棚里是什么人在住，试着了解下那家人的生活情况。房子前的一位年轻女子对我说：“不熟悉，他们好像是养鱼才在这里搭建的那个临时住处吧。”她听我不是本地口音就顺便问我是做什么的，我连忙告诉她：“我是考察农村发展，考察农民生活状况的。我是对农民做帮扶考察的。想了解下这里农民生活和经济状况怎么样，需要不需要外面力量对他们的发展做些帮助。”年轻女子听后就对我说：“你要了解农村生活还不如进后边那个苗族寨子里去了解呢，里边还有比这个更穷的人家。”

听到她这么一说，我一下子找回了力量和勇气。我调转车头，顺着她指的方向，沿着一条陡峭泥泞的乡间小道上向着山背面的苗寨走去。

一个多小时后，我到了一个名叫官舟村的苗寨，这时已是下午三点多了。我向寨子里的村民打听村长或者村支书家住在哪里。村民很耐心地指给我路。我七拐八弯地走到了一家人家房屋门前。南方不像北方——是没有什么院墙的。

正值春节农闲时间，我向屋里看去有几个妇女正围坐在一张小桌前打麻将。我走上前去向她们问候新年好，再向她们问这是不是村长家。

屋内有位年轻的妇女一听我的口音不是他们本地人，就打趣地说："是的，我就是村长，你有什么事吗？"起初我真还以为她就是，我忙对她说："你好！村长，我是从上海来的……"我还没说完，其他几个妇女就哈哈地笑了起来。笑过后那年轻的妇女才说，我们孩子她爷爷是村长，他出去了。我只好又向她们问村支书家。有一位靠门口的妇女站起来倚在门框上向一条小河的对面指着说："你看，河对面那个贴白瓷砖房子的就是支书家。"

我向他们道过谢后转身准备去支书家，刚才那位年轻的妇女说："你把单车就放我们家场坝上，那边单车过不去。"我按照她说的就把自行车支起来，只拿了日记本向河对面走去。

当我走到河边时看见一座简易窄小的水泥小桥。桥对面有许多村民正在桥头热火朝天地干活呢。我心中有种说不出的踏实感，加快步伐走上小桥向对面走了过去。

当我走到村民干活的路段时，有村民向我打招呼，尽管我没有听明白他们说的是什么，但看得出他们是很友好的。有位约莫60多岁的老人，精神矍铄、和蔼可亲，他笑着向我打招呼并向我走了过来，"年轻人，从哪里来啊？第一次到我们苗家寨子吧？"我忙接话回答并向他询问村支书家，老人听我问村支书家，笑得更灿烂了。我心想这位充满活力的老人可能就是村支书了。老人迎上前与我握手之后，抬手指向一个满身沾满泥巴、还在与其他村民一起抬石头的老人说："他就是支书，他是我的兄弟。"我听后先是一愣，然后又问老人："那是您弟弟？他看上去可比您老多了。"老人笑着说："我在外边工作，他是农民嘛，一辈子干农活就老得快呀。"他向正在干活的兄弟喊了句苗语，那位老人抬头向我们看来，随后赶忙直起腰拍拍手上的泥土，走来与我握手。我就向他介绍我到他们村的意图。他听完我的介绍后，转身对其他干活的村民说了几句苗语。我们和他哥哥就一起去了他家。到家后，支书就向他老伴说："来客人了，快点做饭。"然后他对我说："你坐下休息，喝点茶，我再带你到寨子里看看，再去几户苗家看看他们的生活，他们都是很艰苦的家庭。晚上就不走了，就住寨子上，你看行不行？"我听支书这么一说，心中有股暖洋洋的感觉，就答应住下。

村支书，苗族人，今年60岁，一只眼睛因故失明。他有三女一男，大女儿婚后在几年前因病去世，二女儿嫁给了姐夫。三女儿初中毕业就去了广东打工，儿子还在读高中。家庭生活并不宽裕，经常还为读高中的儿子的学费发愁。村支书对我说，他想养鸡，就养本地的土鸡。他问我，他这个想法和计划行不行。听了他详尽的介绍后，我肯定了他的这个想法。采取循序渐进的方式发展，确是这个经济并不富裕的偏远地区农村发展经济最好的策略。我非常赞同，再就是他们屋后不远处就是一片山林，非常适合小规模散养。支书希望我能教他养鸡的技术。

与村支书有了一个比较好的沟通后，他的兴致高涨了起来，说马上带我去走访几家农户。我随他去了一唐姓村民家。当我走进这个家庭时，不由感到一股寒气袭人。看着那四处透风、人畜同处一室的情景，我不禁一阵寒栗。支书对我说："蔚老师，我们寨子像这样的家庭很多，大部分家庭都是这样。这个家主要是家里有病人，到处看病，病没治好把家已经给整垮了。现在刚刚搞合作医疗，可不知道能不能帮上我们农民。有些家庭就连那个每人10元钱也交不起。你看像这样，我们农民怎么才能发展起来啊！"

了解完这户唐姓村民家的情况后，支书又带我返回到了他家。她老伴和二女儿已经把晚饭做好，我就在支书家吃晚饭。由于正值春节期间，支书家的小女儿年前也从广东回到家里过年，家里也来了许多拜年的客人，这顿晚饭也是招待客人的筵席。席间大家对我这个不速之客都很好奇，他们在我和支书去农户家时就已经开始议论我。当我入席后他们就七嘴八舌地开始问我许多问题，但问题多集中在质疑我的这个帮扶行为上。他们说："现在连干部都是假关心农民，干部拿着国家的工资干着国家的事情，都不真心为农民办事，你个人还是自费来帮助我们农民？我们不信。现在世上哪还有这样的好人好事啊？"村支书在广东打工的小女儿更是开门见山地说："我在广东打工，听过现在骗子很多，骗人的方式也很多。像你这样一个人骑单车大老远地来我们这么偏僻的农村做什么帮扶，我没听说过。不过我想不出来你到我们这里来骗我们什么？现在人谁不为自己考虑啊，哪有不要钱还自己花钱到农村帮农民的人？我一点都不信这个世界上还有这样好的人，除非我们是傻子才会相信你做的。”然后她便对她爸爸用苗语说了几句，她爸爸看了我一眼说：“蔚先生，确实是。不过不管她说的，我们吃饭吧。”

听这位姑娘这一席话后，两小时前我刚刚燃起的热情一下子又被浇灭了。这顿晚饭吃得我心里很不是滋味。我也无法去辩解什么，只能咧嘴微笑，装出没有很在意他们下的“逐客令”。

# 2月26日（正月初九）

## 我被信任感动得哭了

由于席间的谈话让我如坐针毡，在村支书家的晚饭我就草草吃结束了。天色还早，我请支书再带我走访几户村民。支书依然很爽快地答应了我，我乘势起身离开饭桌，对支书说有点凉了，先到村长家那边穿件外衣。随即我向筵席上的客人和支书的家人告别，离开了支书家。

当我到村长家屋前时，他看见我就忙向我打招呼。我还没有来得及向他自我介绍，他就让我赶快进屋。他问我吃过晚饭没有，我说刚刚在支书家吃过了，他让我坐下后就和我攀谈了起来。我把来他们村的意图又向村长简要介绍了下，他站起来说："我带你看看，完了就回来在我家休息。明天我陪你在我们村好好了解了解，你看这样可以吗？"

听村长这么说，我刚才有些冰凉的心又被这位性子直率的村长给暖了过来，我也无不避讳地对村长说："您不怕我是个骗子？刚才在支书家……"

村长哈哈大笑了起来，笑过后他说："我不怕，你骑单车能走进我们这个山寨来了，就已经很不简单了。你还要了解民情，还要做帮扶工作，就是你不做这些事情，只要能来到我们苗寨，我们也要把你当做客人热情接待啊。再说，就算你是骗子，我们这个穷山寨子里能有什么好骗的？你把心放宽做你的工作，我不但相信你，我还支持你。你能从上海走到我们寨子来，已经是我们苗族人的福份了。"

说完村长就带我去一户生活非常困难的农户家，他在去的路上对我

说：“期望你能帮帮他们家，他们日子过得非常苦。这家是吃了今天没明天，有了上顿没下顿，我们村上来的救济粮和救济东西能给的基本上就全给了他们家。可数量太少，还是解决不了这家人的根本问题。你来了，也许就是给他们家带来走出困境的希望来了。”

听村长这么一说我反而有些犹豫，这么重的一个担子，这么艰难的一个任务，这应该是政府才能做的事情，依靠我个人的力量要让这样一个家庭走出困境恐怕绝非易事。但我还是不能放弃啊，毕竟是我主动要求来的呀。

我跟在村长身后到了那户村民家，当我看到那个家的第一眼时，感到十分震惊。房屋简陋不堪，屋内空空荡荡，三张床铺上更是不忍目睹。我走进厨房，没有见到春节期间西南地区农村人家那种摆满食品、挂满腊肉的场景，只有几颗枯黄的青菜，放在一角儿，两小块腊肉最多就是三四斤，高高悬挂着。当村长向主人介绍了我之后，那位中年男子一双眼睛满含期待并有些怯怯地看着我，那种神情让我永远无法忘记。他看到我就像看到从天而来的救星。他的神情纯真又乞怜，双眼紧紧地盯着我一动不动。在那个瞬间他连眼都没有眨过，好像生怕就在他眨眼的一瞬我会飞走了。

我深深地被那双眼睛触动，心想一个生活处在如此困境之中的农民，他把能想的办法全想尽了，把能出的力气全完出了，可就是摆脱不了目前这个生活困境。他们是多么渴望有一股力量帮他们逃离这个苦海啊。我的顾虑和压力在这一刻彻底被驱赶得烟消云散了。之前受到的怀疑与委屈也随之消失了。我只有一种念头：我要尽最大的努力给他们以帮助，我的帮扶“万村行”是正确的，还没有摆脱贫困的农民是非常需要社会力量的帮助的！

由于已是黑夜了，我只在那户村民家做了些贫困原因的初步了解。村长提出今晚就先了解一下基本状况，让我先回到他家休息，明天再做个全面了解并想听听我提出的帮助办法。

离开那户村民家，我和村长又回到了他家。就在我和村长谈话时，村长的老伴、一位慈祥的苗族大婶端着一个盛满水的洗脸盆放在了我的面前。随后她对我说：“你洗脸洗脚吧。”我被这突然而至的情形给搞懵了，顿时感到非常惊讶，不敢接受。我怎能让长辈给我端洗脸洗脚水啊！我赶紧起身，挪动盆子让村长先洗。村长也急忙说："你是客人，你先洗，我们晚点儿没关系。"我多次执拗不过，只好怀着深深的歉意和不安先洗了。

当擦脚时，老人走过来把一双棉拖鞋放在了我的面前，然后她又端起盆子倒了我的洗脚水。我彻底懵了，不知道说什么好，呆呆地坐在那里发愣。村长也许看到了我满脸歉疚的表情，他赶忙对我说："这没有什么的，你不熟悉嘛。你也很辛苦，就先休息吧。"说着村长起身把我带进旁边的一个屋子，当我走进屋子时，不禁一愣，我和他们儿子、儿媳睡一个屋子？我不知所措，这合适吗？可我不知道苗家人的规矩和习俗，我也没有敢吱声。村长指着屋子里一张正好和他们儿子、儿媳妇床形成对角的床说："你就睡这个床吧。"说完后他帮我把床帷帐放了下来，我赶紧钻进了床帷以掩饰心中的慌乱。

躺倒在床上后，温暖的被窝让我刚才的顾虑顷刻消失，再加之由于路途的劳累，不一会儿就睡着了。

第二天醒来后，我回想到这件事心中有种莫名的感动。这种感动就是来自于苗族村长对我的信任。若没有村长的信任，也许那夜我可能会走在大山之中的路上。

想到这里，我感动得差点流出了眼泪……

# 2月27日（正月初十）

## 不敢让女友去看我那凄惨的‘家’

边墙村从地理状况看，在那个喀斯特地貌的山区还算比较好的。大部分村民生活与周围村庄相比要好一些，但总体水平不高，离小康和新农村还有很长一段距离。

我和吴村长一同走到一户村民的“房屋”前。说是一户，其实这户人家就是父与子两人住一个从任何一个方向都能进去的“房子”里。而且家里长时间只是父亲一人生活着，儿子不堪忍受这个“家”的窘困已经外出求生了。父与子虽然同处一家，但已经很少在一起了。

这是一个极其特别的家庭，首先是难以想象的赤贫，还有一点就是这位父亲基本不能务自家的田。他不知道农时，不知道什么时候种什么，只有跟着别人做。因此，他也只能依靠每天给别人家干零活为生。

也许正是因为这样，妻子很早就离他而去。现在他一个人生活着，儿子也只能是任其“自由”成长了。他早早地辍学，早早地外出求生。

所以说这个“家庭”是普通又特殊。

当我们走到那个屋前，我还不敢相信这是人住得地方。吴村长带我走进屋内看了后，我仍是半信半疑。吴村长抬手指给我说 :“那就是他的床。”我真的惊呆了。因为那根本不是床，就是一个敞着口的正方形的木斗子。里面有一条又脏又破的被子，一看就是捐赠的军用被子，有可能自拿到后就从没有拆洗过，绿色都变成黑色了。木斗的一角放着一个布包样子的东西，可能就是枕头。我这才相信这里真的住着人。

在吴村长的指点下，我又顺着一个晃晃悠悠的梯子爬上那个屋子的二层。站在梯子上往里一看，更是让我吓了一跳。一床中间已经被

踹出一个大窟窿的棉絮在那里胡乱堆着，再看周围零乱不堪。就在我准备爬进去想看个仔细时，整个房子颤抖了起来。我以为房子要倒了，只好放弃再往里爬的念头，赶紧下了梯子。原来在我准备往里爬时，外边吹来一股风把整个房子吹得摇晃了起来，由此就可想这是何等的

一个屋子啊。

再仔细环视这整个屋子，我没有看到一样生活用品。我这才明白为什么主人不在时房门也不上锁的缘故了。

我们到了这户村民家时，家里没有人。听吴村长说，可能是主人家给别人干活去了。

吴村长对我说："像这户，就是想办法救助、帮助他也是没法改变。也只能等他儿子成家立业了，看能不能有些改变。春节前他儿子从外面带回来一个女孩，可没办法带回家。他只好带到本家的堂叔家住了两天就匆忙走了。假如他把人家女孩带回自己这个'家'，不是把人家姑娘给吓死，就是把人家姑娘给吓跑了。蔚老师，你看像这样的家庭我们村上能怎么办？村里也没有什么收入，再说也不是一户两户需要帮助，不同情况的家庭很多。我们这里发展什么才能走出这样的困境啊？条件太差了，什么都做不了，唯一的办法就是出去打工。打工也挣不到钱，只能凑合过日子。你看他们这个家儿子出去打工年龄还小，再就是也没有什么文化，要在一两年、三四年里改变这样的现状很难很难。我也为他们发愁啊！就如这次也算是人家女孩来这里相亲吧。在人家不了解的情况下可以骗一骗，但要结婚怎么办？不说给人家什么彩礼，现在就连个住的地方也没有啊。”

看了这样一个家庭状况，再听了吴村长说的这些情况，我一时间也想不出来什么好的办法。怎样才能帮助这样的家庭摆脱如此窘境？我苦思良久也只是把希望寄托在他们下一代身上了。

晚上睡下时我还在回想白天看到的那个家庭的情况，思考那个家庭所处的环境，到底是什么使得他们陷入如此境地？像这样的家庭是需要政府制度性解决，单依靠社会力量是很难让他们彻底摆脱这样的生活境况的。因为他们已经不是一个单纯的家庭贫困问题了，从某种层面上说这是社会保障制度的缺失，其次是社区管理和服务的缺失造成的。

农村社区管理和服务主要还是依靠村委会，但是一个真正健全的、为全体社区居民服务的社区体制并没有建立起来。村委会也主要是对上“工作”的一个地方组织，对本辖区内的村民而言只是传达上边文件和消息的一个组织，还没有真正成为一个为社区服务、管理社区、促进社区发展的组织。

因此，乡村社区建设在新

农村建设中也是一个重要组成部分。及时发现和解决如我见到的这样的家庭贫困问题，就需要社区工作到位，社区管理跟上，社区服务及时，只有这样，才能彻底根除偏远农村长期存在的贫困问题。

## 2月28日

**唧唧复唧唧，只闻织布声**

在苗寨考察中，这位苗族老妈妈是给我留下印象最深的一位。那是我在去村干部家的途中，这位老妈妈正坐在屋前一台非常古老的织布机前，身着民族服饰，操作着织布机。我感到很独特，就取出相机给老妈妈拍了几张照片。拍完后就匆忙离去没有再想到其他。

在官舟村后来的几天里，也是在无意识中又听到这位老妈妈家的一些情况。起初我并没有在意，拍照片只是出于好奇和新鲜。

机梭在这位老妈妈的手中娴熟地穿梭着，我真不敢相信她的一只眼睛早已失明。她只有一只眼睛紧盯那花花绿绿的彩线，手中还要不停地来回穿梭。我这个健康的人看久了都有些眼晕，可她坐在那里一织就是一整天。

老妈妈的生活境遇也不很幸福。很早她一只眼睛失明，干农活就不用说了，家里家外所有的活基本都是她一人包揽。曾经的丈夫常年在外打工，对家庭几乎是没有尽到过太多的责任。后来丈夫与她离了婚在外有了新家。这个家就成了她和孩子的家了。她一人完全挑起这个家的重担。在这个没有农业外的经济来源的山区，生活的困苦和艰难是难以想象的。

更严重的打击是在九年前发生的一个事件。大儿子在赶集时与人发生口角被人杀死。这给已经承受着生活重压的她带来的痛苦无比深重，几乎把老人击垮。

老人擦干眼泪咬紧牙关挺了过来。她重新坐到了这台古老的织布机前，艰难地一梭一梭地又织起她们民族的头巾、饰品等，以此来维持全家的生计。她的视力不好，但为了这个家，为了孩子，她常常一织就到深夜。她的眼睛经常干涩疼痛，可她顾不了那么多，咬牙坚持着。孩子上学需要很多钱，她没有喘息的机会。农闲时，她就整天整天地坐在织机前。别人不是打麻将，就是玩扑克，和她同岁数的老人也要偷几天闲，然而她没有。

正是她的辛劳，换来了子女读书的学费。去年老妈妈终于看到儿子完成了大学学业，成为乡村的一名合格教师，她欣慰地笑了。

我们的交谈虽然很吃力，但她开朗的性格给我留下了很深的印象。她在寨子里见到我主动跟我打招呼，起初我没有认出来，因为那天拍照时老妈妈是坐在织布机前。

她微笑着说："前天我在织布时你还给我照了相呢，有空去我家坐坐。"我这才认出来，忙对老大妈妈说："谢谢您，您那么大岁数了还在织布，身体能吃得消吗？看您眼睛也不好。"老妈妈毫不犹豫地回答："能，织了一辈子了，农村没有其他门路的收入，我织布都把小的孩子供成大学生了，孩子读大学我没有向别人借过一分钱。我们苗家女人，人人都会织布。只是年轻人不学了就不会织了，可老人还是要用头巾的，我就给他们织。也就是这个才帮我度过了最难的日子。"

我再看老妈妈的眼睛时，她对我说："好的这只眼睛看东西也很不清楚了，我织布都凭经验了。农村人没有余钱医疗。孩子供出来了，我的任务算完成了，现在织布都是帮忙得多。我最大的心愿就是希望孩子读出大学，现在他读出来了，我也算是看到些希望了，至于以后他能不能干出大事来就看他自己了。"

她的神情是那么的坚定。她给我的印象是一位向前看、不为命运低头的坚强、刚毅的老人。

农民身上的质朴与坚强，从这位苗族老妈妈身上集中地体现了出来。她没有被婚姻的不美好所困扰，也没有被失子打击所击垮，更没有放弃对生活的希望。她的一生就在磕磕绊绊中走了过来。她虽然只有一米五左右，可是看上去是那么高大，那么刚毅。我不由得对眼前这位老妈妈产生了无限的敬意！

# 3月1日

## 为了帮助乡亲，80多岁回乡“务农”

从昨晚后半夜起，天就开始淅淅沥沥地下起了小雨，清晨起来村寨被蒙蒙细雨笼罩，山路早已泥泞不堪，我们只好取消了去邻近村寨的计划。

长期关心我“万村行”的朋友们可能会感到奇怪，“万村行”不就是我一个人嘛，怎么成了“我们”？不错，是“我们”。这个“我们”是这么来的，自我进入正大乡官舟村住到吴村长家后，吴村长就决定骑摩托带我考察临近的一些村寨。吴村长说我骑自行车太辛苦，还有他熟悉各村干部，我开展工作就可以大大减少阻力。就这样我答应了吴村长的安排，并非常感激他对我的支持，同时也非常感激他对自已家乡经济发展的热切之情。

昨晚，一位精神矍铄的白须老人听说村上来了一个从上海来村寨对农民做帮扶的人，就来到村长家找我。后来，我知道这位老人是一名教育系统的退休干部，他已年过 80，但精神状态不亚于青壮年。老人在村上办起了一家小型淀粉、粉丝加工厂。他曾邀我一定去他家做客。刚好今天不能外出，我在吴村长家吃过上午饭后，在一个村民的陪同下就到了这位老人的家中。

当我走进老人的院落时，他急忙迎了上来把我迎进堂屋。这个院落比较特别，在这个村子还是独一无二。我向老人了解他家的情况。老人没有急于给我回答，先与我谈起了帮扶“万村行”的事。

老人说：“我昨晚从村长家和老伴回到家后，就和老伴一直说你和你做的这件事。我在外边工作了几十年，大小也是个退休的干部，也知道也见过许多人做好事，但是像你这样的人还是第一次见。我和老伴都认为你能吃这么大苦，到这么偏远艰难的乡村来帮农民，实在是不简单。先不说帮得上帮不上，就你这样的精神已经是非常了不起，非常伟大了。蔚先生，是什么样的动力和决心使得你来做这件事情？你一没有拿国家工资，二要吃这么大苦，我想误解和不理解你的人也会很多吧？这需要多大的毅力和决心啊！还要有一个非常良好的心理承受力！我叫你来我家就是想和你好好再聊聊。我这么大岁数了，一开始别人说我还不怎相信，可昨天晚上见了你和你谈完话之后我完全相信了你。我也被你这种行为感动了。后来老伴悄悄对我说，让我请你到我家吃顿饭。因为还在春节期间，请你吃个年饭。你连春节都没在家过，就往我们贵州来了，真是太难得了。”

老人这番话让我觉得有些承受不起。我就对老人说：“我只是一个普普通通的百姓，只是长期在关注农村、农业、农民的发展和生活，慢慢地就走进探究‘三农’问题的这个行列里来了。时间长了，我发现不论是农业科研和‘三农’理论研究，许多都是浮在上边。真正起到作用的还是太少，由此我决定走进农村，走近农民，深入了解农民的实际发展状况，依据我所掌握的农民实际状况给予农民最为切合实际的一些帮扶。这就是我决定做这件事情的动因。没有您说得那么伟大。全国约有 60 多万个行政村，我计划用 25 年左右的时间走完‘万村行’，并实现帮扶贫困农家走上健康、良好的发展道路，所以就叫‘万村行’。”

老人又问了一些我经济来源等问题，之后他向我说起他回村做的事情。说着说着老人起身上了二楼，不一会儿他从楼上提下一个皮质公文包，从里边拿出一些文件让我看。老人说：“既然蔚老师是来我们农村做帮扶的，我也麻烦你帮我看看我的这个计划。小厂我已经办起来了，就在你进我们寨子的那个路口不远处，另外是我主持成立的一个种薯协会。”

我从老人手中接过来，认真地阅读了所有材料，顿时被眼前这位不服老的老人感动了。他办厂是为了把农民生产的红薯转化为淀粉和粉丝，以此来帮助村民提高经济收入，然后又通过协会引进优良种薯发放给种植农户，等农户交了红薯后再扣除种薯钱。最后，再把加工后的薯渣返还给农户养猪，发展养殖业。

他放弃在城里舒适的晚年生活，回到老家与老伴住在已经年久失修的祖屋，白天为加工厂忙碌，晚上还要找农户说明协会的作用和协会给农户带来的好处，动员农户种植优良品种红薯，发展养殖业等。

我对老人的事迹打心里佩服，就问："大叔，您都 80 多岁了，为什么不在城里好好享几年清福？这里这么偏僻，生活各方面又不方便，您身体受得了吗？"老人极其干脆又爽朗地回答了我一句："为家乡我选择了——老有所为！"

当我们彼此有了一个较深的了解后，老人才笑呵呵地对我讲："我们这个院子在我们这个寨子的确是最大的，因为我们这个大家庭在清末民初是一个大户人家。我的舅舅曾经是民国军官，后来准备起义时被蒋介石在重庆秘密给杀害了。舅舅的女儿，也就是我的表姐后来被延安来人接走，直到解放后许多年我表姐从北京回来时我们才知道她是老革命了。哦，说远了，我们家这个老宅子有 100 多年的历史了，一直保存得比较完好，但解放后我们家大多数人都参加工作离开了这里，老宅子就没有人住了。我退休后想着回来为老家做点事，就又回到这来了。"

老人又回头上楼去了，不一会他手里拿着一个纸卷递给我，让我打开看看。我小心翼翼地打开来，原来里边正是他舅舅留下的一张非常珍贵的照片。我轻轻展开，征得老人的同意后拍了张照片。

我们聊了一个上午，小雨一直在不停地下着。我提出和老人一起去参观他的加工厂，他非常高兴地与我一道走进泥泞的山村小道……

# 3月2日

## 超生全是农民的错?

今晚写的这篇日记说的不是今天的事，而是在我2月27日那天到苗王城时，走进这户人家看到和了解的情况。这是我第一次看到这么艰苦的家庭状况，一时不知如何下笔。我思虑良久，在今晚才打开电脑……

让我难以下笔之难处有几个，一是我如果平铺直述地把我看到、了解到的情况记述下来，人们看了不但不会对他们困难的生活处境给予同情，反而会引起负面影响。这是因为现在许多人只愿意看热闹，不愿意去思考。二是要把这篇日记如实客观地写下来，就需要把一些看似不相关的事情一起摆出来，只有这样才能对得起我所了解的这个困难家庭，以及他们对我的信任与期待。三是它会涉及到很多问题，尤其是社会保障制度和计划生育政策。

在这里我要着重说的一是计划生育政策，二是社会保障制度，三是传统思想观念。我国已经实行了很长时间的计划生育政策了，但是在农村多数人为什么不是自愿地响应（也许我这么说会有人反对或者批判我的这种说法，但事实确实如此），而是被动接受呢？这其中最主要的是受几千年传统思想观念的影响，这个传统思想观念就是人所周知的“养儿防老，养儿继承香火”。

在广大农村，传统上重体力活都是男人干的（尽管如今现实中农活大多数都变成了妇女的“专利”），至少在思想观念上还是这样。另外，女孩嫁人，一般都是离开自己父母嫁到男方家。这是传统文化，不论城

市还是乡村基本都是一样。谁硬要否认这一传统观念，那他不是虚伪就是思想境界极高。在农村，女儿出嫁后就成了男方家的人了，女儿所生的子女就不再是自己父母的后代了（至少在观念上，在感情上，在认识上是这样的）。由此，在农村的夫妻如果不能生出一个男孩来，他们首先考虑到的就是养老问题。没有儿子，老了谁来养活他们，谁来供他们吃喝？这是最客观、最现实的问题。可是，从实行计划生育政策至今，相关政策仍没有把农民“养儿防老”的后顾之忧真正地、彻底地解除掉。

可现实是残酷的，没有一个全民的养老保障，农民至今没有退休，没有生老病死的保障，他们就费尽心思与“国策”——“计划生育”周旋，没生出男孩来就会生第二胎、第三胎……进入上世纪80年代以后，随着发达地区和各地村民外出务工的增多，他们对社会的发展有了更高认识，响应计划生育政策。但是在偏僻落后地区，少数民族地区在上世纪八九十年代超生还不是个别现象。

以上就是让我无法落笔的三点难处。此外还有一个最为现实的问题，不论大人怎么样，孩子是无辜的，他们不但是自己父母的孩子，还是国家的公民，他们应享有普通公民所有的

权利。因此我们谁也不能因他们父母的原因，就对孩子们歧视。

把这些问题在心里理出一个头绪后，我才在今晚动手写前天就应该写的这篇日记。

吴村长用摩托车带我去参观苗王城。苗王城，这个古老而又神秘的名字充满了诱惑，使得我心中按捺不住阵阵激动。初春乍暖还寒，但我心中的暖流早把初春的那缕寒意给驱赶得无影无踪了。满眼灰色的喀斯特岩石，此刻看上去都成了一道道亮丽的风景。摩托车在村寨的小路上颠簸地行驶，我也不觉得是受罪，一心想着苗王城的神秘与传奇。

我们走到离苗王城还有一段路时，距离村公路不远处的山坡上有一户人家，吴村长建议我先去这户人家看看。他把摩托车放在了村公路边上，我们爬坡沿田间小道上向上走去，大约走了半个多小时到了这户人家屋前。孤立在这个山坡上的就是这家人的住房？我怀疑地问吴村长，“那里也是住人的房屋吗？”吴村长高声回答我，“住着人啊，不住这他们住哪里去？他们是从苗王城村搬到这里来的，以前生活还比这里更差。”

我简直不敢相信还会有人住石头墙、草屋顶的房子。我想有可能是个无儿无女的孤寡老人住在这里，因为没有什么依靠和收入才会住这样的茅草屋。就在这时从小草屋里走出一个小女孩。她听见她家的狗叫，便走出茅草屋往坡下看。

我和吴村长走上一个小坎，站在了这户人家茅草屋前。当时家中只有两个女孩，父母下地干农活去了。吴村长对小女孩说明我们的来意，其中一个就到山坡上去把她父亲喊了回来。

这个家庭一共四个子女，三个女孩一个男孩。孩子的衣服除了校服外，其他大多是好心人送的旧衣服。孩子的父亲 50 岁多点儿，因妻子有慢性疾病，他不能出远门打工，农闲时只能在周围打点短工、零工。他基本无钱给妻子治疗，就连参加农村合作医疗，每人要交的 10 元共 60 元钱都拿不出。四个孩子学习成绩都很好，还有一个优秀生被铜仁市一家重点学校招收进“宏志班”，免费读高中。

我最初还想问这位孩子的父亲为什么不把房屋修修。但当我知道了这个家庭的境况后，就觉得这个问题太幼稚了。

我早晨那股去看苗王城的欣喜之情早已荡然无存。眼前这个异常困难的家庭，让我对古迹已经没有了任何兴趣，尽快帮助这家农民走出困境是我最大的心愿。

# 3月3日

## 谁毁了山里孩子的希望？

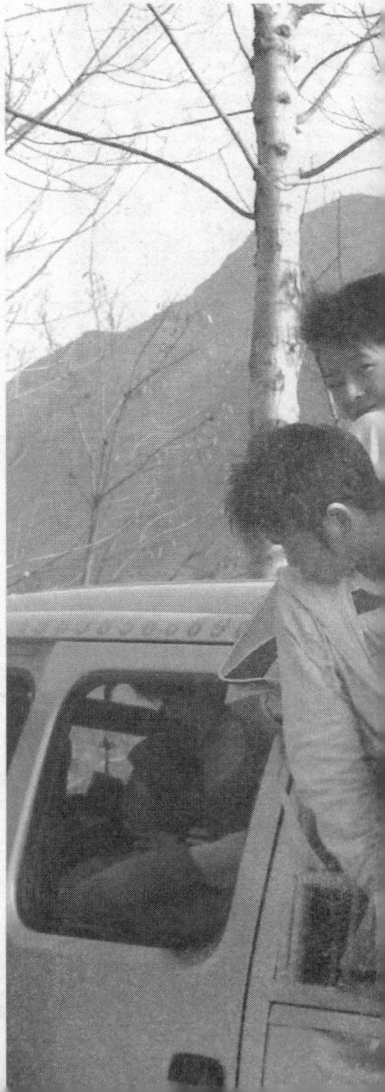

一辆面包车从我面前疾驰而过，随之泥水向路的两边飞溅，有几个村民躲闪不及，鞋子和半边身上全溅满了红色泥浆。在山寨里，村级公路只能容下一辆车单行，就是想躲闪也无处躲。后来我听村民说这是他们村小学校长家的车。

正是这个车方便了周围的村民出行也耽误了这个村的孩子读书。可能有人要问这是怎么回事。最初听到村民这么说我也感到很纳闷。我问他们，“让你们出行方便还不好吗？他怎么又会耽误你们村孩子呢？”于是我走进到村里，到村委会主任家了解这件事。

最初村委会主任听我提说此事他很不情愿告诉我。他只说：“惹不起。”村主任也说这三个字，我感到这事很蹊跷。一个小学校长还有惹不起这一说法？难道他是村霸？若是一个村霸做小学校长，这何止是耽误孩子啊！这已经是一个非常严重的事情了。想到这里，我忍不住一再向村主任询问，并对他说，我不会对别人说的。我一个外来人只是想听听是怎么回事，也许我还能帮你出出主意呢。最后村主任在我一再央求下才慢慢向我说出此事。原来并不是我想象中的那样，而是另有他情。

村主任先是说："我们村学校是一个好心的外商捐助修建的新校舍，当时修校舍全寨子里的人和乡里的干部都是欢天喜地。我们原来的小学非常破烂，村上没有一分钱没有办法修新的，也就像你们外边人说的，是一所极其简易又破旧的危房。上课时老师每天都是提心吊胆的，可就是在那样的情况下，孩子的学习成绩个个非常好，先后都考到地区、县城重点中学。可当得到了外人的资助把学校修建好了后，换了个新校长。大家都很高兴，心想我们村的学校这下就会更好了。大家都感到我们村上就要出更多的人才了。可万万没有想到的是，自有了新校长后，我们

村孩子的学习成绩一年比一年下降。直到前年、去年有些经济条件好点的家庭，实在看不下去了，都把孩子送外边村或者更远处，他们都宁愿多花钱，也要让孩子去其他学校。有的孩子住不起校，就每天来回四五个小时在路上跑，也不愿在我们学校读了。”

听村主任这么一说，我知道了一个基本情况，但是我还是不明白新校长在几年内不但没有把教学质量搞得更好，反而会搞得那么糟呢？又怎么说惹不起呢？村主任说到这里表现出很不情愿再往下说的样子。我一再做他的思想工作，最后他终于开口说了。

“原来的校长是我们村的一个民办教师，他没有文凭，但是做事却非常认真。他当校长时乡上一直不同意，但是村民都喜欢。在他当校长那几年里，孩子学习成绩非常好，在县上、地区都拿回来许多奖，考到重点高中的孩子一年比一年多。可后来乡里来了新乡长，也刚好新学校修好，上边来人说校长一定要有文凭才行。没有办法，原来的校长就去考学，最后他考到贵州师范大学去了。乡上就这样安排了现在这个校长。”

这时，村主任说话的语气也开始带有一些怨气了。我就对他说：“你不要怨他，人的能力有大小，只要他尽心尽力搞，慢慢会把教学成绩搞上去的。”他听我这么一说反而有些愤怒了起来，声音也抬高了八度：“他？要不是他弟弟来我们乡当乡长，他怎么能当上校长？他教学不好也不务正业，很早我们村就知道。我们都不满意，可是我们是农民，谁能听我们的话？我们农民有什么权力让谁当校长？你说他当校长就当吧，就好好当他的校长把学校搞好吧，可他却没有干校长要干的事。他买了个面包车每天忙着跑车挣钱（实质是无证出租）。他把教书放到次要，每天都是匆匆忙忙赶到学校，草草率率胡乱教教。一到放学，孩子还没走他就先开着车又去拉客了。这样其他老师也就没有责任心了。校长都忙着给自己挣钱去了，谁还愿意用心教学生啊？这样老师也开始马马虎虎，反正校长又不敢管他们。可我们农民谁能管了校长啊？再说校长有一个乡长弟弟撑腰，谁敢惹他。你前边问我，村里农民怎么说校长惹不起，就是这样惹不起啊！”

我对村主任说：“你是村长，你有权利向领导反映这个情况啊。”村主任苦笑了下说：“我反映？一是他们谁也不敢管，二是我说了谁会当真听我的，三是搞不好我也会被他们给换掉。我前边的一个老村长就是看不惯向上反映，结果上面就把他给取消了（撤职了）。我虽然是村民选的，可他们不同意我也当不上。所以我们只能在底下议论，但也没办法，谁让我们是农民啊！”

我听后感到很震惊，一个乡长就有这么大的影响力？乡长应该是为了当地百姓谋发展、谋福利，九年基础教育是国策，是基础之基础，他怎不顾教育发展只讲人情？更何况本来农村孩子所处的环境就不是很好，再把小学这么一点儿学习环境都给搞坏了，那这些农村孩子的希望还在哪里啊？

（特别说明：为了不给他人带来不必要的麻烦，在文中没有写村名）

# 3月4日

## 即将毕业的农村大学生，被重重困难压得喘不过气来

连日来我在村民眼中俨然成了一个微服私访、访贫问苦的高级官员了。我进了村自觉不自觉地就被引导进疾苦、贫困的农户家中。今夜我住在一户在村里威望很高的老人家中。躺在床上我在思考，访贫问苦是我的目的吗？是我帮扶“万村行”的初衷吗？思虑良久，我没有得出答案。此刻，我感到有些困惑，我在自问：“我这样帮扶‘万村行’是不是背离了我要做的帮扶工作呢？”这夜我反复思考，想着想着我失眠了。

天快亮时我才迷迷糊糊地睡着了，就是这短暂的睡眠让我在梦中得到了答案。我猛然间从梦中惊醒，一个清晰的“答案”在我脑海中浮现：访贫问苦是帮扶的重要组成部分，不了解他们的生活处境和贫困成因就无从帮起，只有深入了解贫困的成因，才能给予他们最贴切最实际的帮扶。这就如治病，要找到病因才能对症下药。当这个“答案”在我脑海逐渐清晰起来后，困扰我许多天的疑云荡然无存了。我的心头就像雨后湛蓝的天空，在东方还有一道美丽的彩虹。我翻身起床，一身轻松，心中不时泛起一阵阵快乐，准备收拾行装向下一个村寨进发。

雨雾依然笼罩着这个山寨，再也不能在这个村寨待下去了，我要继续向下一个村子行走了。村民一再挽留，让我在他们村多住些日子。他们期待与我有更多的交流，同时也期待我能够给他们以更多新的希望。就在我与村民一一惜别时，一位中年男子匆匆跑来对我说：“蔚老师，你今天再住一天，我想请你与我弟弟接触接触，给他做做思想工作。”我很

是好奇，我问他："你弟弟多大了，做什么的？你让我做他哪方面的思想工作呢？""我弟弟今年就要大学毕业了，他很消沉。我们农村没有门路，大学毕业了分配不到工作。你帮他开导开导，我相信你一定能帮上我这个忙。我们怎么说他都听不进去，他还想退学不上了。求你了，蔚老师。"

帮扶"万村行"的一路上，我听到了许多类似这样的事情，农村的孩子考大学难，考上大学上学难，大学毕业后找工作更难。这已经是一

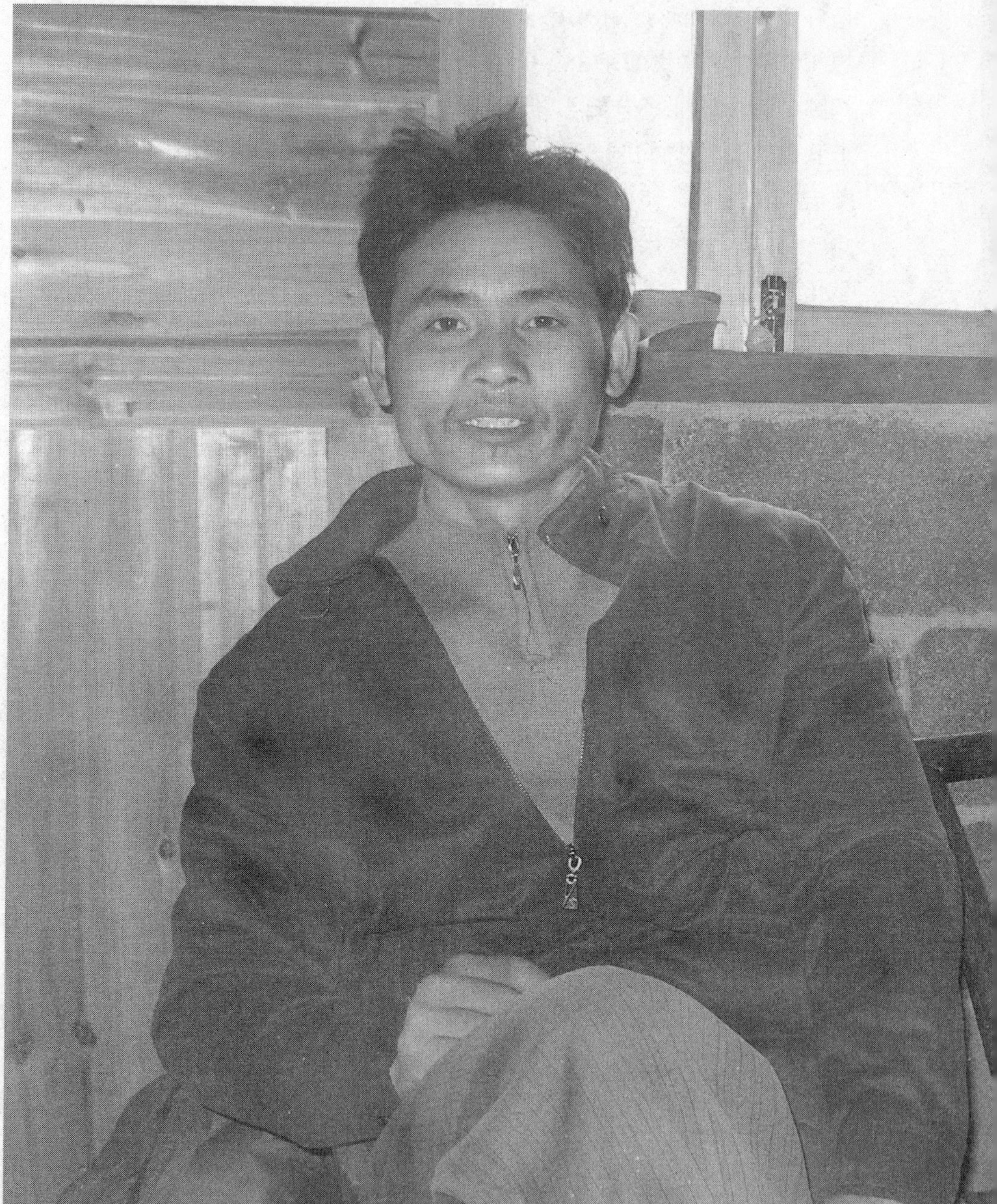

个不争的事实，但是怎么样才能解决他们的困难，至今也没有一个比较完善的解决方案。农村的孩子就像跨栏运动一样,要一个又一个跨越“困难”这个障碍，可运动员是能看到终点的，而许多农村孩子却看不到他们能够到达的终点。随着时间的推移他们有了许多的困惑，有了更多的压力这是难免的。想到这里，我答应了这位中年村民的请求随他一同去了他家。

进门第一个映入我眼帘的是一位中年苗族妇女，她坐在屋子一角正在聚精会神地做着手工布鞋。她看到我后马上笑着放下手中的活计，然后起身搬凳子让我坐。带我的村民赶忙向我介绍说：“这是我老婆。”他从妻子手中接过板凳，让妻子快去给我拿酒喝。我表明不喝酒，请她不要拿，我们就一起说说话。他说：“这是我们苗族人的情义你不能拒绝，一定要喝一点儿。”我只好接过酒杯，喝了一杯烈性的白酒。

弟弟从另一个屋子里被哥哥叫了出来，他哥哥说:“你们有文化，能说得来，我们没有识几个字说不来话的。”说着他就和妻子一起走出了屋，并说让我和他弟弟两人聊。一个很帅气的小伙子坐在我的面前，但是一脸忧郁的神情，可还是对我勉强挤出一个笑容来。之后，他就低着头默不作声。

沉默了好一阵，他终于抬起头对我说：“蔚老师，你到我们寨子来我们全寨子人都知道。在前几天就想找你聊聊，可我就是克服不了心理上巨大的压力，最后还是没有找你。今天我哥哥知道你要走了，他对我说要去追你回来，我没有反对。今年我就大学毕业了，可我是一年比一年感到后悔，一年比一年感到压力大。我哥哥嫂子他们省吃俭用供我上大学，还贷了几万块钱的款。毕业后工作在哪里？在我们这里人的观念里，在国家的部门上班才算是工作。自己去找的工作，再好也是没有正式工作的概念。可我们这些农村的人没有什么门路，没有什么关系，上哪里去才能找到个什么工作啊？想到这些，我就没有了一点点上大学的快乐，上了大学有什么用？我感到很迷茫。尽管我知道打工也是工作，但是我哥哥嫂子他们付出那么多，我却不能实现他们的期望，所以我感到农村人读大学后前途依然很渺茫。”

说完这些话后，他沉默了片刻又说：“我感到压力很大的主要原因是我要找到一个好的工作，要回报我哥哥嫂子，要帮他们供我的侄儿们上学。我哥哥嫂子把他们所有的辛苦钱全给了我去读大学，可怜了他们的孩子。他们说我读大学也不能穿戴太寒酸，也不能像在农村穿手工布鞋，那样会让同学笑话。就这样我哥哥嫂子几乎把他们能挣到的所有的钱全部花在了我身上。嫂子几乎是包揽了家里全部的农活和家务，哥哥就在我们这些乡镇周围给人盖房子、做零活，收入不稳定也很低。但他们把希望全部寄托在了我的身上，可我只是个大专生。就这样，三年的大学生活让我如坐在火盆里一样，很受煎熬啊！我不知道毕业后将是一个怎样的命运？客观地说，我们找工作的面很窄，我不能存有幻想，要现实些。因此，我感到很无望，还有接近一万元的学费没有交上，我想放弃不再交了，不想读了，读出来也是个打工。我初中的同学都在广东打工好几年了，我就是毕业了也是和他们一样要从零开始。人家初中毕业就打工，没花家里一分钱还挣回来了钱。你说我压力大不大？所以我对哥哥说不要再去贷款交学费了，我干脆不要毕业证了。我这么说，我哥哥和嫂子很伤心。其实，我也很难过。但我确实不想再给他们增加负担了。蔚老师，您说我们农村人怎么就有这么多磨难啊？”

听了眼前这位即将大学毕业的年轻人的话，一时间我也不知道如何回答他。但是我明白他所承受的压力，也理解他说的一切。在这样偏僻的山村，人们的观念、意识还是比较传统。不说边远山区就连北京、上海有同样意识的人大有人在，如上海人说的“正式工，临时工”一样。其次，我想由于他承受的期待太多，使得他的一些想法走入了一个误区，可让他一人要走出这个误区的确很难，因为他摆脱不了他身处的这个环境，至少他目前无力改变这个现状。我对他说：“你要把这一切的压力和包袱放下，不要去考虑这么多，一切取决于你的努力，你马上就要顺利毕业了，一旦放弃的话就前功尽弃了，那样你哥哥嫂子会更失望更伤心。你哥哥在路上还对我说，你是不愿再让你哥哥去贷款给你交学费，可你哥哥让我告诉你，他们什么苦都能吃，就是想让你不要放弃要自信起来，不论你毕业做什么，他们都很高兴，毕竟你已经是一个真正的大学毕业生了。你哥哥说他们不求回报，也没有想让你偿还贷款。他说你离开老人早，都是他们带大的，他们只是希望你能走出这个大山，走一条与他们不同的路，不再和他们一样受这样的苦。其他什么都不要考虑，贷款他们慢慢去还。”

我把他哥哥说的话转述给他，他听后低头哭了起来……

# 3月5日

## 怎样才能帮助你?

雨依然淅淅沥沥地下着，我怀着依依不舍的心情离开了住了整整一周的吴村长家。有些村寨雨天道路泥泞无法进入，我只好骑上自行车沿着公路向北前行。距离松桃县城十几公里处是一个蜿蜒陡峭的盘旋公路，此刻雨雾浓郁，眼前的道路只能看见一两米之内的路面，我只好下车推着步行下坡。

10 多公里路程，我整整走了四个多小时，才进到县城。雨雾早已湿透了浑身的衣服，我找了一家宾馆住了下来。已有 10 多天没有洗过澡，我脱下湿漉漉的衣服就直奔浴室尽情地沐浴了一番。洗完澡浑身好似一下舒展开了。

这些天我被满眼的贫困、无奈、凄怜等景象压抑得身心好似皱缩在了一起，现在一下子得以舒缓，得以放松，那种惬意啊，是没有经过那样高强度心理重压的人难以感受得到的，简直是无法用语言描述。

我只简单地裹着浴巾，就一头栽倒到床上睡了。不知过了多久，我就在这样的舒畅与惬意中睡着了。

突然醒来时已是凌晨一点多。我没有了一丝睡意，躺在床上眼睛瞪着房顶，思绪又回到了连日来所走过的农户与村寨。

回想他们那眼神，不论是老人还是小孩，不论是男人还女人，都是那么地纯朴。尤其有一双眼睛，它好像一直在看着我，那种神情看上去出奇的平静，可就是在这样一双平静的眼睛里却满含着忧郁与哀愁。若

在成年人眼里出现我还可以理解，那是受艰难生活的折磨而如此。可这是一个还不到10岁的小女孩啊。

这是和一个哑巴伯母生活在一起的留守孩子，她有一个弟弟，外出打工的父母带着弟弟走了。她没有爷爷奶奶，只好跟着这个哑巴伯母一起生活。每天放学后她就要去猪割草。我背起来满满一筐都很吃力。可这是她每天必须要完成的任务之一。割草回来后还要用砍刀全部砍成碎粉，放在一口大锅里煮。

当我走进她的家时，一眼就看到一张黝黑冰冷的床，床上一条很破旧的被子叠得整整齐齐。床头一边整齐地放着她的作业本和书本。木制结构的屋子不是很大，四周都是竹子篱笆围起的墙，但由于年久失修，上边的泥巴都脱落得所剩无几了。

我走到隔壁屋外问小女孩："晚上就是一人住在那里？你不害怕吗？"小女孩只是点了一下头。此刻，我看见她满头的汗珠不时地往下滚落。但她依然不停地在挥动着一把大大的砍刀砍着猪草。

当把一大堆她割回来的猪草砍完后，她才起身用胳膊擦了一下头上的汗水。之后她又去拿起一个竹编簸箕，一簸箕一簸箕地将猪草倒进锅台上的一口大锅里，之后她才去洗了洗手。她掀开锅台靠前的一个大锅，伸手从里拿出一个铁铲子向里边铲去，她铲出一些，放在锅台上一只碗里。我这才看清是米饭。小女孩端起碗边走边吃，碗里没有任何菜，但看她吃得却是那么的香。她走向我刚才进去的那个屋子。我见到如此场景，不禁一阵心酸。

我又随她去了她家的屋子，我问她："想爸爸妈妈吗？"她抬起头看着我，一句话都没有说。我看到她的眼睛一眨一眨的，好似很平静。再一看眼睛里却流露出一种忧郁和哀怜，尽管她一再掩饰自己的内心想说的话。就是这个眼神把我刚才的酸楚的心给揪了起来。我起身站起，向屋子的其他地方看去，之后我对她说："叔叔要走了，你是一个很乖很懂事又很勤快的好孩子，将来你一定会考上大学的，到那时你就会和爸爸妈妈一起在城里了。"

她把全部都装在了心里。她只有这样默默地承受着这一切。她知道，说出来也不会有什么改变。可还是掩饰不住，从眼神中又流露了出来……

回想到这些，我全身的舒畅和轻松一下子荡然无存了。我的心又紧紧地揪起，虽身不在村寨，可我的心又回到了村寨，回到了农村。

帮扶“万村行”不光是我的行动，它更成了我的使命！

# 3月6日

## 牵手，在大山深处他们找到了生命的支撑

题记：2007年4月份的央视舞蹈大赛，一部《牵手》感动了评委、感动了亿万观众，然而在现实生活中就有这么一对生活在偏远的丘陵山区里的残疾夫妻，他们的生活非常贫穷，但他们却相依为命，相互搀扶、相互支撑着，乐观地生活着。

“我在地里干活，心里很踏实。家里有她在，我从没有觉得干活累。天好了，我下地干活时就把她抱出来让她换换空气。她自己可以慢慢挪动很小的地方，从屋里要到屋外她一个人出不来。她很会心疼人，她很开朗。她一直说心疼我，我对她讲不要为我担心，我有力气我能干动活。只要她高兴快乐，我顶多比别人做得时间长些，其他什么我都能和别人干得一样好。她让我有了一个家，我要好好为我的老婆孩子多做事。”

他说这些话时是那么的平静坦然，就好似一个健全的人一样。如果不是亲眼所见，我绝对不能相信这是一个高位截肢的残疾人所能做到的。他不要别人照顾就已经不错了，怎么还能下地干农活？每天来回要走三四公里崎岖小路去河里挑水，上山砍柴背柴火。总之，所有农村的农活、家务活，所有健全人能做的事情他样样都能做都要做。

王银花、杨胜林是太平营乡上堡村的一对残疾夫妻。杨胜林从小就失去一条腿，一根拐杖就是他干活的支撑，可给他最大支撑的并不是这根没有感情、没有生命的拐杖，而是全部依靠他并且要他全身心照顾的

妻子。妻子王银花六岁得了重度小儿麻痹症，下肢完全瘫痪不能行走、站立，右手也不能自主，完全没有生活自理能力。她每次上厕所都要他来帮助。农活、家务活样样都是丈夫一人承担，可就是这样一对严重残疾又生活在丘陵山区里的夫妻，却乐观地生活着。正是他们的乐观深深地感动了我。

当我和村组长走进他们家时，他们感到非常意外，还略显惊喜，尤其对我这个陌生人的到访。因为他们家很少有外人去做客，更不用说一个从远道而来的客人。杨胜林看到我们后第一反应是，赶快进屋把妻子从屋里抱了出来，让她坐在一把小椅子上。他用胳膊夹住拐杖伸出双手给妻子把上衣整理了一下，之后他转身微笑着招呼我们快上去坐。他家的房子约高出院子一米，我和村组长走上了台阶，他已经摆好了三把椅子。他妻子很年轻，也和他一样微笑着。她的微笑并不像一些山区很少出门的妇女那样，见到陌生人有种不好意思的笑。她笑得是那么坦诚，是那么自然。自我第一眼看到他们时，他们夫妇就一直微笑着，当我们告别时，他们依然是那么乐观与阳光地笑着。自始至终，不论是在我们谈话时，还是在我观看他们家一些状况时，我都没有看到他们流露出半点对凄苦、艰难生活的不满与不悦，总是微笑着。这让我感到非常意外与感动。

我走了这么多村寨，见到那么多村民，生活的困难使一些村民早没了快乐与笑容。我看到更多的是哀愁与无奈的神情。然而在这个丘陵山区，我却见到了这样快乐的笑容。

是什么力量让这对残疾夫妻，在如此艰苦的环境下还能乐观地生活，还有如此良好的心态?

我试图找出理由与答案，但直至与他们告别时我也没有得出答案。他们生活中的点滴，也许能给我们这些健全的人们，给我们这些生活在城市的人们、生活在交通便利的人们、生活条件极其优越的人们一些启示。

在我和他们夫妻谈话时，杨胜林就动手做饭，虽然饭菜极其简单，但他做得是那么认真。两岁多的孩子站在妈妈的身边，没有见她哭闹与淘气。她时不时地摸摸妈妈的脸，妈妈笑着用她那只勉强可以动的手也摸摸女儿的脸，就这么简单地交流着，没有什么其他，也无法有亲热的动作。孩子很安静，看上去很懂事。

杨胜林的妻子说："我什么也帮不了他，什么都要靠他做好，我只是个吃饭的人。"她说完这句话就笑了，笑得是那么含羞。含羞的意思是暗示她是个吃闲饭的人。她又说："我又不会疼人，都是他照顾我和孩子，这个家就是他一个人劳动着。可他一条腿也很难，地里的活最难做了，可他从不去麻烦别人。家里没有钱的来路，他还一直想着要给我和孩子买点好衣服。我说孩子小不需要穿那么好，只要不冷着冻着，有饭吃饱就可以。我的衣服都是人家送（旧衣服）。你看，这么好的衣服，穿穿就可以了，我又不出门。我不想让他那么苦。我站不起来，也拽不住他。他就去地里干活了，干得很累很累才回来。"

在厨房做饭的杨胜林听妻子说他就回应着："我一点都不觉得累，只要有你和孩子，我做什么都很有劲。不用你帮我干活，有你给的力量就足够了。"听到杨胜林说他妻子给他力量，我就半开玩笑地问他，"你妻子给你什么力量啊？能让你这么坚强。"杨胜林笑着不作声。

过了一会儿，他妻子说："我们结婚时，他去我娘家背我的时候我就

问他：‘你把我背回去你能养活得了我吗？’他说能，一定能。是他给我的信心，我们才结了婚（笑）。”

我这才隐约感到，杨胜林说的妻子给他的力量，原来就是他们美满的婚姻。

我问他们需要什么帮助吗？他们笑着，杨的妻子欲言又止。后来杨说：“我们还年轻，我干得动活，日子是一天天过的。给人添麻烦的事我们不愿意。虽然我家的生活条件还很不好，但粮食够吃，她又不要求我什么，她还经常心疼我干得太多太累了。你能来我们这里看看我们，我就非常高兴了。”

我在心中默默地记住了这对乐观的患难夫妻！

他们的乐观深深地感动了我，我在心中默默为他们祝福，同时也在想着如何帮他们让这个小孩子将来能读得起书！

# 3月6日

## 新农村建设要讲科学啊

几位村民围坐在我的周围，眼巴巴地看着我，好像我是政府的代言人似的。可我却无法回答他们提出的问题。我只能在我的力量范围之内帮他们做些事。我从他们的眼里看得出，他们致富与发展经济果林的愿望是那么的强烈，可他们的眼里同时也流露出更多的无奈与无望。

一位30岁左右的妇女说："在外边打了好几年工，起初还想着我们成了工人就变成城里人了。可年年打工年年攒不下个钱，结了婚有了孩子，在外边一直挣几百块钱，那点钱就连孩子都养活不了，就只好回来种地，至少种地还让孩子和我都有个饭吃。现在我们也想着在农村发展点什么，我们村子里好多户人家商量后，合起来买了些果树苗子，大家试着种。前年和去年就开始有了收入，看长势和价格还很好，梨子也很甜。我们就是想着发展大点，把那些坡地全部种成果树，还想把那些几年都不长也快要干死的杨树换成梨树、桔子树。"

一位中年村民接着说："我们祖祖辈辈在这里住，我们知道那个杨树不适合在这样的土质里生长，可我们没有权利决定。蔚先生，你就把我们农民的想法写个材料给上边看。我们知道这些事你也没办法。这是要当官的说了才能算数，我们才能名正言顺地种果树。我们这些人多数都是在外边打过许多年工，在外边钱也不是那么好挣的。你在上海肯定知道得比我们要多得多。你想想，我们没有多少文化的农民，除了干力气活之外还有什么好活吗？再说就是人家让我们做，我们也不一定就能干好。我们在外边也学到了一些新的东西，想回家在农村发展，可我们一没有资金，二没有技术。在外边听到、看到人家其他地方的山区种果树，收成要比种红薯、种苞谷好得多。我们几户人家就试着种了梨树。结果确实不错，去年我们家的梨子产量开始多了起来，这才是四年的果树。去年好的梨子一斤卖到一块三到一块五左右，还是客商进来到我们村里收的，差一点儿的也卖了八毛左右。去年就我家的梨子就卖了一万多块钱。有这样的收入要比打工好多了，再说管理果树一点儿都没有影响我们种地干农活。再加上养猪卖的钱，去年我们收入两万多块钱。我感到非常高兴。猪粪作沼气，烧水做饭不用烧柴火，发酵过的粪渣给果树施肥也不生虫子。你看这不就是国家说的什么生态农业了吗？要在我们这么偏僻的地方，交通也不便利，能收入到这个数字我们感到非常满意了。”

他指着坐在我旁边的一位 30 多岁的男子说 :“坐你旁边的是我的侄子。他和妻子在江苏打工七八年，一直在一家纺织厂打工。结果他妻子把一只手给搞没了，厂里不要了，他们只好一起回农村来。可我那个侄媳妇地也不能种，他和我们一起种了些梨树，也是不错的，尽管他们家的树还不很大，但去年也卖了几千块钱。我们一直想让政府（地方县、

乡政府）支持我们发展果树，把那些退耕还林没有成活的林地让我们种上梨树、柑桔树，可是人家就是不准我们这样做。你说说我们怎样才能让他们支持我们啊？”

“我们希望国家能支持我们搞发展。国家政策说搞新农村建设，我们这也算是新农村建设啊。新农村建设也要讲科学啊！不科学还是只能搞一阵就搞不起来了。像几年前搞的那个退耕还林，种那些杨树就不适合我们这里，浪费了国家的钱还不准我们自已搞。我就是想不通，可我们一点儿办法都没有。种死了的那些树，那是人家干部让搞的，我们农民只能听着。不过，我们把那些已经死了杨树的地里种上了梨树，可我们天天怕他们下来检查，检查出来了人家说就给全部砍掉还不给退耕还林补助了。你说我们这个新农村怎么才能建设好啊？我就是这个小寨子里的组长，开会时我还敢和他们嚷嚷，顶多我就不干这个组长了。可是我一个人说了他们谁也不听，只强调不要我们搞果树。我们多想他们能帮我们引进点儿好品种果树苗，能帮我们请点技术人员教教我们，给我们把那条主路修修，我们出产点水果也好运远一点儿卖。”

原来坐在我旁边一直没有说话的就是村民组长，虽然他只有 30 多岁，但他很沉稳，思路也很清晰，可他就是无法施展他的才能。

在与村民交谈结束之后，我提出去实地看看他们的梨树与村子的其他情况。村组长非常高兴地起身带我去看，我们先看穿过他们村子的一条清澈的河流。河水很大，但很平缓。组长问我：“蔚老师，你看我们把对面那些比较平整的田挖出一些鱼塘可以吗？我计划贷点款把那边河堤先修好，再在那里挖出十几亩鱼塘。我在江苏打工时就见那里有许多人工鱼塘，他们那里的水还没有我们这里的水便利，我们的水质也非常好，这条河常年就这样白白流了。可我只能空想哟，贷不到款。其实我们这里路好了离县城也不远，鱼的销路、水果的销路一定会更好。”

我们边看边说边走，很快就爬上河对面一个很大的山坡。他指着坡上稀稀拉拉的几棵很小的速生杨说：“你看，这都五年了，还长这么个样子。你再看看梨树，才三年就长这么大了，今年就要结果了。不是我们想跟上边对着干。上边你要讲科学啊，如果你指挥得能让我们老农民看到有前途了，我们谁还不愿意啊？我们高兴、感谢都来不及呢！这些树说是什么速生杨，四五年就可以成大树了，你看现在还没有指头粗呢，速生个什么？国家政策现在确实好，退耕还林给我们补助，免了农业税，种地还有良种补贴。可是我们这里的和尚好像不会念经，总是把国家好政策给念歪。”

我忽然想到这些天在公路沿途经常看到有许多梯田里种植着不怎么适宜这里气候特征、土壤条件的白杨树，尤其是公路沿途两边有许多大块梯田也种植着白杨树（速生杨）。我当时还在想这里的耕地是何等的珍贵，尤其在这个喀斯特地貌最为突出的地区之一，耕地的稀缺更是不言而喻。为什么这里的农民要把这么好的地用来种植这样的树木？我百思不得其解。此刻我才得到了答案，原来是退耕还林，林地是由县里统一规划种植的速生杨。

的确如这里的村民所说，不管什么地方一切发展都要符合当地的实际情况，要鼓励农民自己发展，多为农民提供些服务，多去听听农民的心声与意见，而不是干部越俎代庖地替农民做主，去指挥农民怎么做。这也许会在新农村建设中能起到事半功倍的作用。千万不能做些面子工程、拍脑门工程，最后变成劳命伤财的结果，如农民所说“浪费了国家有限的财力”，反过来影响了新农村建设。

# 3月7日

## 农民大娘含着泪水的嘱托

清晨，一层薄雾在村寨轻盈地飘动着，金黄的油菜花散发出淡淡的清香，我一步一回头，村民三三两两地走出自家院落一一与我告别。脚下泥泞的道路也好似要挽留我，我每向前走一步都需要很大力气才能拔起脚。村民虽然没有那么多客套的话，但从他们的眼神中我看得出他们那依依不舍的神情。就在我快要走出村寨时，从寨子里走出一位老妈妈，她步履蹒跚，在我的身后拉长音地对我说："有空你就常回来，回来大娘好好招待你，大娘家现在穷，没有什么好吃的让你吃。昨天真是不好意思啊，让你见笑了。"我回头一看，原来是昨天下午去过那家的老妈妈。"日子过得穷，家里很丑，没敢让你多坐。大娘特地赶上来送送你，你是个好娃娃，大娘没有见过大世面，可大娘我心里还是很明白的。你好走，大娘就不多送了！"

老妈妈说话转身就倚在路旁一棵树旁抽泣了，我感到很是惊讶与慌乱，不知道该如何是好。我愣愣地呆站了片刻。老妈妈可能感觉到我没走，没有回身就向我摆了摆手，背对着我说了一声："没事的，娃娃，你走吧！"我怀着极其复杂的心情，带着老妈妈与村民的心愿和嘱托离开了那个村寨。

如果是去观赏风景，那个寨子是很美的，清清的河水，金色的油菜花，满眼绿色薄暮缭绕，似梦似幻，宛如仙境。然而，现实中生活在那里的人们却是另一番生活境况。

路崎岖又泥泞，我趔趔趄趄地走着，心却又回到了那个村寨，想起赶到村口送我的老妈妈，想起我看到她们家的情景。老妈妈床上的一床不大的被子，是一个补丁又一个补丁，可以说已经是“五颜六色”了。枕头上也是打满补丁。向屋子四周望去，可说是家徒四壁。当我走到厨房，那里的境况让我感到一阵阵凄冷，我不忍再看下去就转身走了出来。我不知道该为她家做些什么，更不知道这帮扶工作该从何做起了。

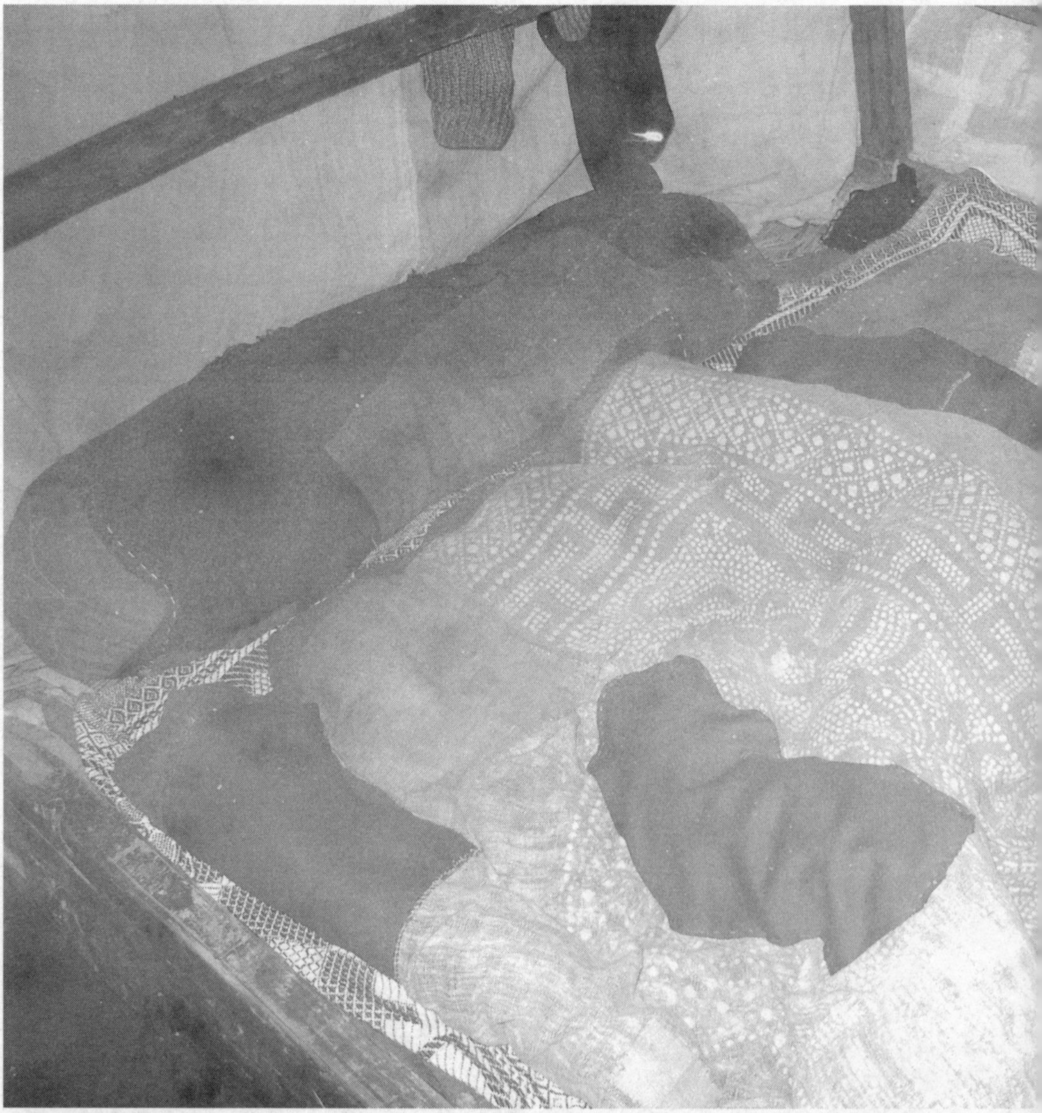

这是我没有想到的，一开始我还想着可以依据所掌握的情况给予最恰当、最可行的帮助。可我已经看到如老妈妈这样状况的家庭太多了，我有些茫然了。我个人又如何帮得了？他们这已经不仅仅是贫困的问题了。要解决这样的问题是要从诸多方面入手，还要切实可行，各项落到实处。

一片竹席就是一面避风挡雨的墙，一碗白饭就是最好的生活。我已经不是心酸了，而是五味杂陈了。我们四菜一汤已经不是什么稀奇，饭后一道水果已经是必须。可老妈妈家还在为温饱拼搏着，可他们没有什么抱怨，他们的生活状态和心境很平静。

我问老妈妈：“日子怎么过得这么紧啊？”老妈妈不假思索地就回答我：“条件不好，命不好。生在这里了，就是这个命。打我记事起到现在三代人有了，过得一直就这么清苦。不怨别人，这是命。”“这是命，这是命，这是命……”老妈妈最后这一句话一直回响在我的耳畔。我在想，难道这真的是命吗？！

可现在我猛地意识到老妈妈根本不认这个命。她是真心地把他们全家的期望寄托在我的身上啊！

想到这里，我脚下的路仿佛平坦光洁了，我的步伐不觉就加快了。老妈妈虽然已年逾古稀，可我看到了她心中依然充满着希望，依然对美好生活怀有无限憧憬。虽然他们现在很贫困，但是他们没有放弃对美好生活的希望。这种希望与憧憬是何等的可贵与难得啊！因此，我还有什么理由克服不了脚下这么一点小小的困难呢。

就要走完这段泥泞的路了，我回头再望那偏僻的小村寨时，心中有种异样的感受，它就像一个鲜活的生命，在我的心中深深扎了根，这也是我所走过的每一个村庄留给我的记忆与印象。

# 3月7日

## 与乌罗镇有缘相遇

迎面的风雪像箭一般射来让我无法躲避。冬天都只是下雨的贵州，现在下起这么大的风雪是很少见的。在这蜿蜒起伏的丘陵山区上没有一户人家，风雪也越来越大。我身上开始一阵阵发紧，可我衣服里的汗水

却如小溪一般顺着脊梁往下流。它就像雪山的雪水在我后背流淌，冰凉冰凉。

一条县级道路，缠绕在这群山之中。起初遇到下坡还可以骑着车走，现在风雪呼啸，我连眼睛也睁不开，头也不敢抬起来，只有推着自行车，迎着风雪艰难地往前走。我不知道前边多远才会有村庄，也不清楚前边的路是上坡还是下坡。寂静的山野里只有呼啸的风雪声，天色也渐渐地暗了下来，此刻我感到非常的孤单。我从兜里摸出手机看了下时间，已是下午五点多。此时，我心头开始有些发慌，生怕像去年从青海循化县到甘肃临夏时的那一夜，再次陷入漆黑的雨夜和无人区的恐怖世界……

想到这,我越感害怕。也顾不了那么多了。我脱掉外衣只穿一件衬衣，迎着风雪奋力推车。遇到下坡路我也顾不了什么危险，跨上车依靠直觉，紧握车闸向下飞跑。多亏这条偏僻的县道很少有汽车行驶。就这样我在风雪中、在山岭间，上上下下跋涉了整整三个多小时。借着雪光夜色还没有那么漆黑，远远地我就看见有了若隐若现的灯光，大约半个小时后我终于走进了一个乡镇所在地——乌罗镇。谢天谢地，去年的那场劫难最终没有出现。看到了希望，人却一下子没有了力气，我拖着疲惫的身躯找到一家旅社就走了进去，我满身的雪与泥巴把旅社老板都吓了一跳。他看到我这样一幅狼狈不堪的样子，忙问我是从哪里来？我说是太平营乡。他听后更是大喊一声，“天哪，你就骑这个单车？这么大雪，路上那沟沟坎坎山山岭岭的，你从那么远来啊？！老天呀，你真厉害！赶快，赶快来坐下烤烤火暖和暖和。”我这时才觉得身上有些冰冷，就让老板先给我开了一个房间把湿透的衣服换了下来。

真是疲惫至极，这夜我连梦都没有，一觉就睡到天亮。早上我下床推开窗户向外看去，雪依然在纷飞着。看来今天我还可以在这个小旅店里继续休息一天。我准备回身躺下再睡会儿，可肚子却咕咕地叫了起来。我这才想起从昨天中午到现在我还没有吃什么呢。我只好走出旅社去找早饭吃,可当我走出这旅社时却没有饿的感觉了。我知道这是饿过头儿了，我要强迫自己去吃点东西。我找到了一家小店要了一大碗面条。我像品尝美味佳肴一样，吃得很慢，生怕三下五除二吃完就没有了。吃完这一大碗后我反而觉得更饿，但我没敢再要，因为怕把胃搞坏了。

走出小吃店，我看街上行人已是熙熙攘攘，原来今天是这个镇的赶集日，雪也不下了。我忽然不想再休息，匆忙回到旅店收拾起行装告别这里。当我就要跨上自行车时才发现车闸已经在昨天飞奔中完全坏掉了。我只好找修理的地方，可在这个小镇上走了两圈，就是没有找到一家可以修自行车的铺子或者摊点，我失望地走出小镇。

我走出小镇不远，看见路边有一家摩托车修理铺，门前有人正在修理着摩托车。我抱着一线希望推着车走了过去，向正在埋头修车的师傅问："师傅，您这里可不可以修理自行车？"那位师傅抬头看了看我，又看了看我推着的自行车，爱理不理地问了我一句："什么坏了？"我忙说是车闸坏了。他瞟了一眼说："可以修，但是你要到下午再来，我上午没有时间。"我一下就急了，赶忙用恳求的口吻说："师傅啊，不行，我还要赶长路，等不到下午啊，您就帮帮我。"他又看了我一眼问我："你是骑单车旅游的？你旅游骑这样的单车质量不好。"为了能让他现在就帮修车，我就把我是做什么的向他说了。说完后那位原本眯缝着眼睛的师傅一下瞪大了眼睛，腰也猛地直了起来，他停下手中的活急忙问我："你在我们乌罗考察了吗？怎么在我们村没有见到你来啊？你今天不要走了，你的自行车我保证免费给你修好。我骑摩托陪着你一起到我们村里一些贫困的农民家里去，好不好？"说着他走过来帮我把自行车支起来让我进屋坐。这突如其来的变化让我有些不知所措。我看他的语气是那么恳切，就把昨天晚上与旅店老板的谈话告诉了他。他急忙说："他们不到农村里去，只是看到街道上住的一些人家，当然不感觉穷了。你在我们家住几天，我骑摩托陪你去走一些农户，你看可以吗？你就答应吧，不要走了！"

进村、走访农户、为村民排忧解难本是我帮扶"万村行"的初衷与目的。可今天，这突如其来的挽留与邀请反倒让我感觉很不安，好像自己不应当受到这样的款待。我心里这种莫名的不自在刹那间袭遍全身，紧接着就是强烈的自责在我心头涌现。眼前这位修理着摩托车的师傅看我半天没回答也有点急了，他催促地又问了我一次。我猛地打了个冷颤才从纷乱的思绪中走了出来。我忙答应："好啊好啊好啊……这本来就是我要去做的，您邀请我，我非常感激与感动。"

这时，在一旁站着的摩托车主人说："这是我们村完小的校长杨老师，他最清楚我们这个地方情况了，你做农民帮扶的，今天你算碰对人了。”听这位这么一说我很是惊讶，惊讶的是眼前这位修摩托的师傅原是一位校长！

说话间摩托车修好了，这位校长帮我把自行车推进了他家的修理铺。他妻子刚好也做好了早饭，他们叫我一起吃。我告诉他我已经在镇上吃过了。他坚持要我再吃一点儿，我实在拗不过就又和他们一起吃了。吃饭间，他很激动，非要让我喝酒。我一再说自己不会喝酒，可他最后还是打开一瓶啤酒让我喝。他对我说：“蔚先生，我们这是缘分啊，难得的缘分。要不是你的单车坏了，那你就与我们村无缘了。太巧了，我们村太需要你们的帮助了，有好多孩子连 10 多块钱的书本费都交不起啊！学校只能减免极少几个孩子的，上边儿是有名额限制的。我今天就带你去了解一些情况。你了解了，要好好给我们这里的老百姓出主意、想办法，帮我们。”说着他伸出双手紧紧地握住我的手。

我再一次被感动了，农民是多么需要外来的力量扶他们一把啊！

# 3月7日

## 谁来为不同生父的六个孩子的抚养买单?

一处几乎就是草棚的房子映入我的眼帘，简陋得不能想象，要不是有人从里边走出来，你绝对不能也不敢相信那里还住着人。可就是这个简陋的“大窝棚”里住着六个孩子、两个大人。

事情还得从头说起。在帮扶“万村行”中我已形成习惯，凡是看到破旧不堪的村民住房，就想对这一家生活了解个究竟。当我看到这个房子后就急忙让载着我的杨校长停下摩托车，去看下这户人家。我下了摩托车向那个房子走去，正好碰见一个小孩从里面跑了出来。他衣服和脸都很脏。我边走边问杨校长，这家你熟悉吗?你对这家的情况了解吗?杨校长说知道一点，但不是很了解。

我们说着就走到了那个破烂的屋子前，杨校长先走了进去，进屋后他先是一愣，片刻后他问屋内的一个中年妇女：“你，你在啊?”那位妇女看似有些难为情，只是“嗯”了一声就把头低下，什么也没有说。然后，她慢慢向后退了几步靠在了锅台边上，但又时不时地盯着我看，好像要问这位杨校长什么，欲言又止。杨校长就问她：“这两个也是你的小崽?”那位妇女也是“嗯”了下，低下了头。杨校长又对她说：“你不要怕，我们不是搞计划生育的，这蔚老师是想了解下你们家里的情况，看你们有没有什么需要帮助的。你现在有几个孩子啊?上学的有吗?崽儿他爸哪去了?”那位妇女沉默了半天没有开口说话。杨校长很直爽地说：“你找个坐的凳子让客人坐下呀。你好像怕我们似的，你不认识我了吗?

我是……”

那位妇女这才好像回过神似的走到锅台后边搬出一个小木凳让我坐。我看只有一个小凳子也没有去坐，就和杨校长站着与她说话。可她始终没有开口说话，依然沉默着站在那里，时不时抬头看我一眼又把目光移开了。我看这样的情形也了解不到什么，就对杨校长说：“那好吧，不难为她了。我自己看看，完了之后我们去其他农户家吧。”我就在这个用竹席围起来的“屋子”里转了一圈，但几乎看不出这哪像个家，也找不出一样像样的东西。看完后我长长叹了口气，心想：这哪里还是个家啊？

就在我们将要走时，从外边跑进两个小孩，一个我进门时见过，一个略小一点儿。这两个相差不多的小孩好奇地跑到了我的跟前，仰头看我手上的相机。我就给他哥俩儿拍了张照片。随后我们走出了这个“家”。

我们沿着山路继续往村里走。路上杨校长对我说：“这个女人好像10年前就离开了这个村，离开了她的男人。她走时留下两个孩子，现在大的可能都出去打工了吧。其实看到她在这里我感到很是吃惊。吃惊的是她怎么回来了？你没看见我进屋看到她后呆住了？她走了有10多年了，我也不知道她什么时候又回到这里了，还生了这两个小孩。我刚才问她，她一直没有吱声。我也不好再问人家这些事情，毕竟她是回到这个村来了，她老公和我们还是本家呢。那男的老实本分，父母离世也早，没有文化，没有出过远门，就一直在家种地。日子过得很苦，娶了这个老婆，可日子一直没有过好，有了两个孩子。记得很早她就出去打工了，那也是因日子穷得实在过不下去了。打工可能是两三年后吧，听说她们离婚了，但谁也没有去证实过。反正那个女的再也没有回来过。所以我今天看到她很吃惊。她走了以后这家一直这么穷，可能还更穷了。有她在还可以给小崽崽做个衣服什么的，也不用花钱买啊。你看哪，哪像个房子啊，就不像有人住的地方。”

说话间，我们就到村子里一户因在锰矿放炮时炸伤了一只眼睛的村民家。进门后杨校长第一件事就是向这家女主人打听我们刚才去过的那个女的家里一些情况。这家女主人先是沉默了一会，没有说话。过了好一阵后，她才开口说：“他们家呀，一句两句说不清。还不是日子过不下去，她才走上了这条路。尽管她这个老公人老实，没有什么能力，但毕竟人还是很厚道。你看她出去这么多年，回来还给他带来这么大负担，他一声都没吭，起早贪黑下地干活来养活这群孩子。”我听到“这群”二字很是诧异，就插话问她：“他们有几个孩子啊？我看见就是两个三四岁大的孩子啊。”

这位村民接过我的话说：“两个？你可不知道，她刚回来一段时间我们也不知道她有孩子，可后来慢慢看到一个、两个、三个……到后来才知道她带回来四个啊，再加上在我们村生的两个，一共六个啊。”

六个？我惊呆了，六个，就那样的家庭状况怎么养活得了？我急忙问她怎么能生那么多呀，是在哪生的呀？

“她怎么生的，我们早些时间也不知道。我们也是最近才慢慢知道。她出去打工前两年还回来过一两次，回来还给家里的两个孩子买点儿吃的和衣服，后来就再也没有回来过了。我们知道她在这个家过得也很可怜，孩子也跟着受罪。男人只会种点儿地，其他什么都不会，孩子自生下就没有吃过好吃的。那时我们经常看见那两个小孩看着别人家孩子吃东西，馋得直咂嘴。我们看着都心里难过。我们家里有什么好点儿的吃的，我碰见了那两个孩子就给他们一些。”

说到这里她叹了口气说：“男人出不了门，两口子都在家，日子就没法过了，再说我们这里有没有什么可以出产钱的东西，挖矿（锰矿）才是近几年的事。她熬不下去了就让老公带孩子，自己出去打工挣钱了。可她也是不识几个字的女人，一个什么路子都没有的农村女人，你想她出门能找到个什么好活干？我们一起聊，她给我们说她这些年的事，女人难啊！生活在他们这个家的女人更是可怜。”

我就不在这里一一复述了，我把那位六个孩子的妈妈的主要经历归纳如下：

那位生了六个孩子的母亲，她是因家庭的贫困外出打工，但是由于没有任何技能和文化，再加之人也比较苍老就在一个建筑工地干活。后来她在建筑工地上认识一个农民工友，这位农民工友对她很好，不论在各方面都很呵护她。那位农民工友也是个大龄青年，也是她的贵州老乡。后来他们就住到一起，生活到一起了，不久她就怀孕了。

没生之前她还惦记着家里的两个孩子，可当这个肚子里的孩子出生后，她就再也没有回农村那个家去。他们俩就生活在了一起，可自从有了孩子，她再没有干活挣钱去，在住处带孩子，生活的一切就全依靠这个男人。可事情的发展没有到此结束，这个孩子不到一岁时她又有了他的第二个孩子，在这个男人的央求下她没有打掉又生了下来。这个男人在一天“外出”后就再也没有回来，留下她们母子三人。没有了任何经济来源和依靠，她就走进了另一个打工的中年男人的生活。为了这两个孩子，她又与这个男人生活在了一起，由于孩子小，她根本出不了门，只有依靠这个男人来养活她与孩子。

就这样她又和这个男人生活在了一起，不过这个男人对她和她的孩子非常好，他把挣来的钱全部用来养活她们母子。但是她又怀孕了，这个男人要她一定给他生下孩子。她没有别的选择，只有把这个孩子生了下来。这就是她外出打工的第三个孩子。不久，之前的故事重新上演了。这个中年男人也因承担不了巨大的开支悄悄地离她而去了。这时她身边已经有了三个嗷嗷待哺的孩子，可她身无分文，有人建议她把孩子送人或者卖掉，但她母性未泯，没有这么做。

她一人带着两个男人留给她的三个孩子，开始了继续在外漂泊的艰难生活。她带着三个孩子踏上了捡破烂之路，就依靠捡拾破烂来养活孩子，艰难地度过了一年。在这一年里她每次卖破烂都基本是固定卖给一家，这位收破烂的男青年和她渐渐熟悉了，最初是同情她的几个孩子。他每次看到孩子好可怜，就高一点儿价钱收她的破烂。再后来他就把他们母子接到他的住处，她和孩子也不用花钱租房，卖破烂也不用跑路了。她好像又看到了生活的希望了，没多久她又和这个男青年一起过上“夫妻生活”。

之前的故事从此又开始了，这个男青年也是个来自贫困山区的农村人，他也是从捡破烂慢慢转变到这个收破烂的小营生。他也是一个三十好几的光棍一条。这位凄苦的女人就把依靠又寄托在了他的身上。最初生活还比较稳定，他们一起收破烂，日子还过得比较开心。毕竟她不用带着孩子每天到处捡垃圾了。为生计操劳的日子过得飞快，不觉他们在一起生活了有好几个月，她发现自己又怀孕了，这时她已经对怀孕的态度好似成了自然、成了习惯，这个习惯就是“跟了人家，就要给人家生个一儿半女”。

就这样，她又给这个男人生了一个孩子，当孩子出生后这个男人更是对她百般的好。外边的什么事都不让她做了，就让她精心抚养孩子。可她为这个男人生下孩子后身体还没有恢复好，他们的收破烂地方被管理部门取缔了。他们的经济来源再次被掐断了。没过多久四个孩子，两个大人的生活就陷入了困境。这次这个男人没有像前面两个男人一样一拍屁股就不见了，他提出要带走他的孩子，可她死活不答应。那时她想着以此来留住他，可她想错了，她还是没能留住他。他在僵持了好几日后，在一个眼看就要没有饭吃的清晨，默默地离开了她，又留下她们母子五人住在一个即将被拆掉的窝棚里。

她看着都还很小的孩子们，不知道拿什么来给他们吃，最后她想到了在农村的“老公”……之后，她就带着孩子们在深夜悄悄地回到了她农村的“家”，被她抛弃了10多年的“家”，又回到了她第一个男人的身边。

这个老实本分的男人，看到她带回来这么多孩子，没有说什么，只是起得更早了，从地里回来得更晚了。

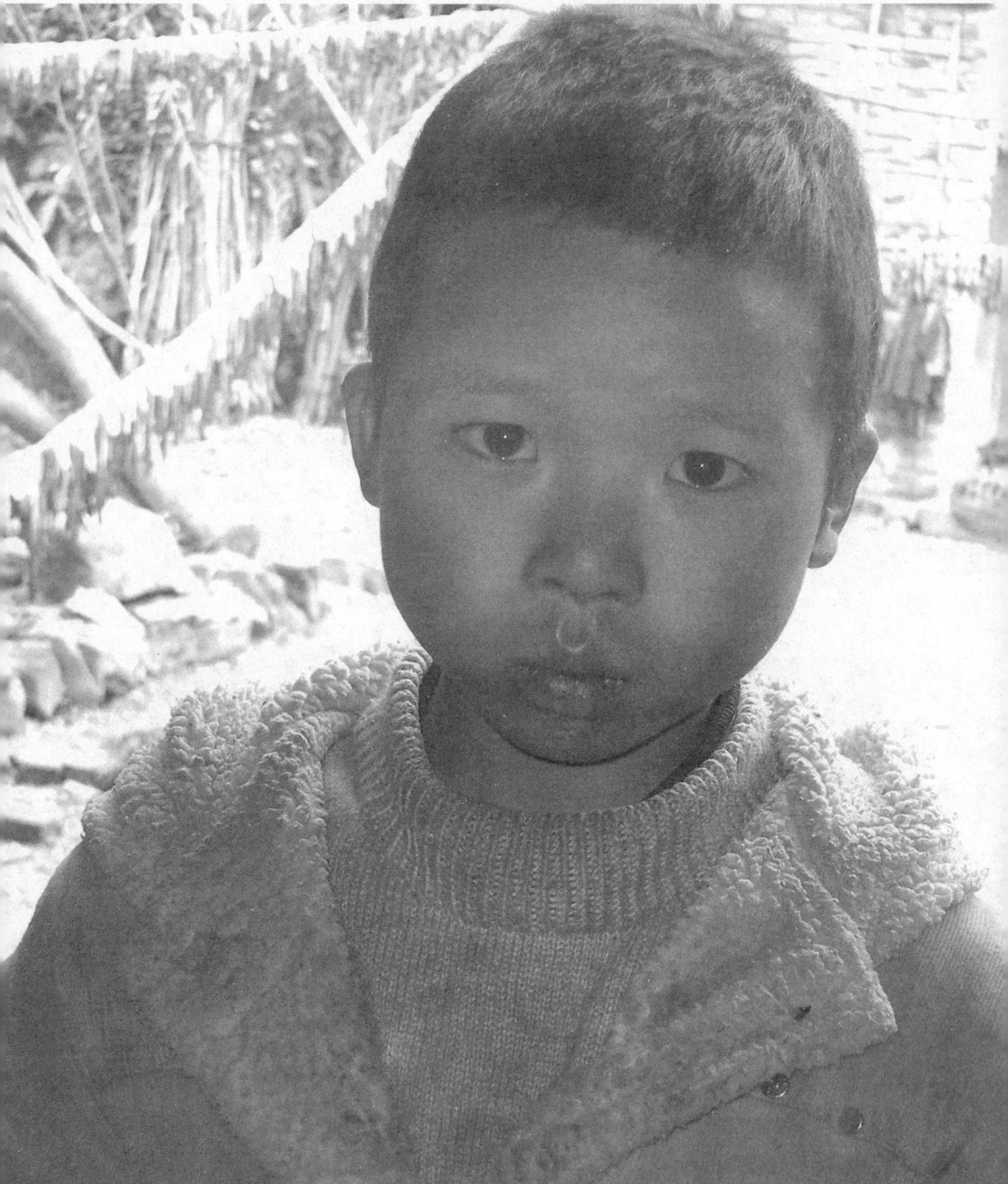

# 3月7日

## 什么让农民的最后一线希望也即将破灭?

随着杨校长走访几户极其贫困的农户我了解到，农户最大的心愿大多都是能让孩子交得起学费（书本费）。尽管九年义务教育政策已经减免了农村孩子的学杂费，但是，依然有许多家庭拿不出小学三四十元，初中一二百元的书本费。我为此很是焦急，这几天刚好是学校开学时间，可有许多孩子还依然没有拿到书本。

我和杨校长走进的又一家庭更是贫困，男主人一只眼睛完全失明，并且还在发炎、溃烂，另一只眼睛也是处在近乎失明的状态。当对这个家庭有了一个更深入的了解后，我几乎流下了眼泪。

他的第一句也是最后一句就是:“帮帮我们的孩子,帮帮我们的孩子!我实在不能挣钱供他们念书了！”

36岁的老杨没有为自己医治眼睛着想。他妻子说 :“我一直想办法看能不能尽快治好他的眼睛，可没有一分钱的收入，只能在这里看着他强忍着疼啊。他自把眼睛炸伤后，就一直说不要管他。给他看眼睛就不要指望了，他让我想办法让孩子能上学就可以了。可我又不能出去打工，他看不见连饭都吃不到嘴里，不出门在家里一分钱收入都没有。你说我们农民这个日子怎么过啊？”

我问她，“现在不是农村有合作医疗吗？”她长叹了一口气说 :“那个啊，是指望不上哟！要我们先去看了病回来再报销，可我们哪有钱先去看啊？再说那个合作医疗表面上是给我们农民办好事，实质上是给医院办好

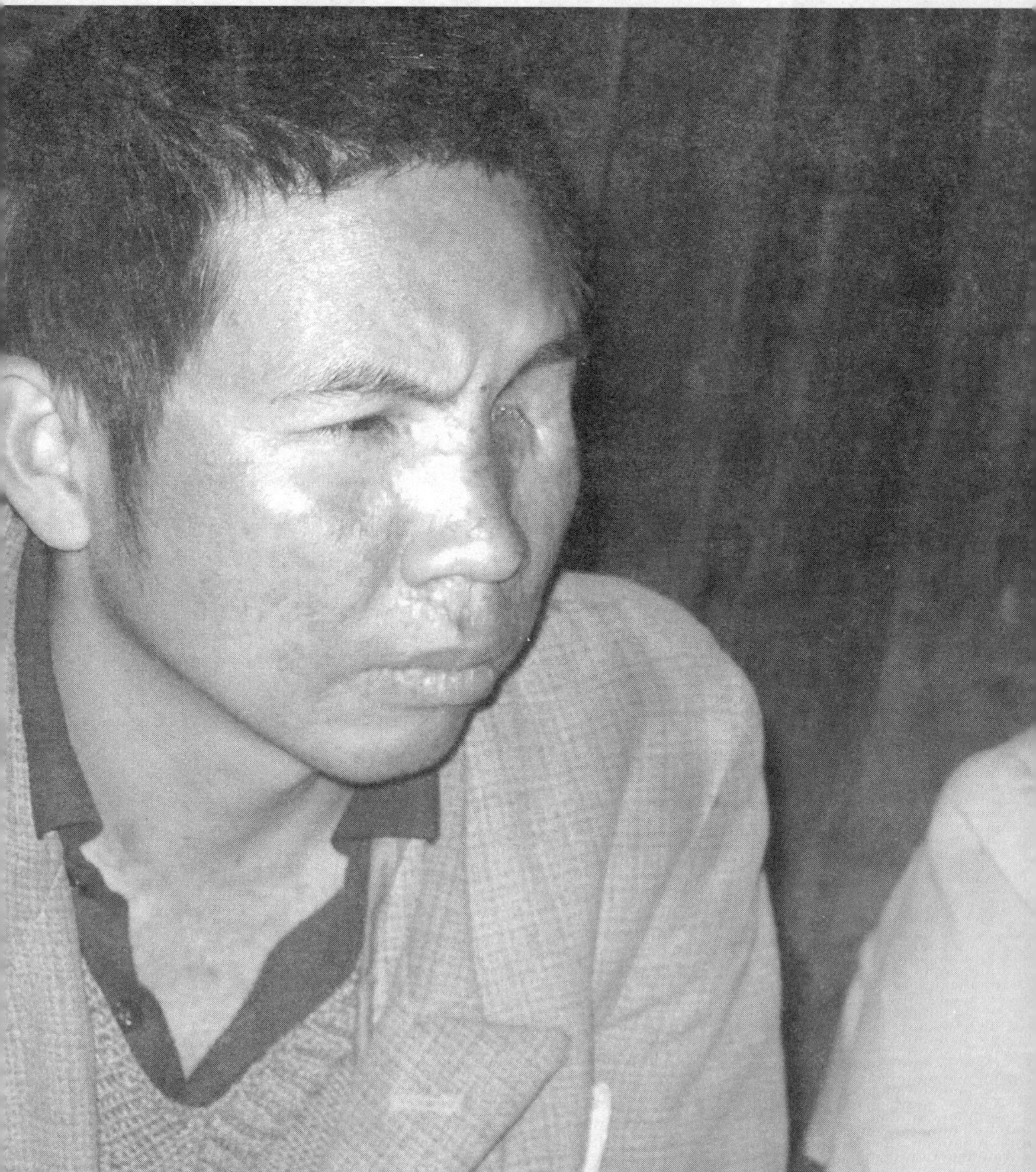

事。我们农民一点儿好处都没有。我们农民一分钱也不会少花，反而会要多花钱。”

当听到“合作医疗不是给农民办好事，而是给医院办好事”的这一说法，我再次问她为什么这么说？有什么依据吗？她沉思了一下说：“表面上看给我们能报销百分之几十，其实我们花得要比原来的多出好几倍。不报销他们就不给你开那些没有用的药，或者少开点药。如果他们知道我们是参加那个合作治病的，药费是报销的，他们就给我们开一大堆药，还要我们做许多用不上的检查。这样我们反而花得多了呀。就是报销一半吧，剩下的还比不报销要多得多。你说是不是害我们农民啊？去年他伤了眼睛第一次就花了好多。”

听到这，我感到震惊与无奈。如今败坏的社会风气真是无孔不入！农村合作医疗才是刚刚起步，就有人把黑手伸了进来。这真是一个值得认真思考与解决的问题。不要让农民对这件好事失望了，同时更重要的是防范在这里又滋生新的腐败。

看着对未来生活迷茫的这个家庭，我的心情非常沉重。从他们的表情里、言语里流露出的是对未来不抱希望，对生活是能过一天算一天的态度。他们唯一放不下的就是孩子“识字读书”。

老杨的妻子说 :“我们山里的农民日子过成像我们这个样子就看不到什么希望了。孩子读点书识点字我们都无能为力,更不敢想考什么大学了。你说我们农民还能有什么希望，还能看到什么希望啊！打小抱着很大的希望，现在结了婚有了崽儿，不说有好转反倒还更困难。真是你们有文化人说的希望越大失望越多啊！什么都不去想了，能活到哪一天就算哪一天。今天你突然的出现，让我真的感到特别特别的惊奇。如果你不是骗子，那你一定就是个救星。可我还是不敢相信如今的世上还会有像你这样的人。就连我们农民现在叫他们帮个忙都要谈钱。你不要钱不说了，还自己花钱跑到我们这么远的山区农村里来帮我们，我真的不敢相信。要不是我们校长和你一起来，我绝对不敢相信。这个世上，像你这样的人多几个就好了，我们农民就不会这么苦个没有头了。你看那个合作医疗，这才刚实行，那些黑心的人就害人了。你说你是不要钱帮我们农民，真不敢信你。我们是粗人，说话不好听，可说的都是大实话，你不要见怪。”

听完她这些话,我完全能够理解她复杂的心情。我开始帮扶“万村行”时连我自己都不敢相信，自己怎么能做出这样一个决定来。但当我走过了这么多村庄，看到了那么多最初疑惑或者怀疑后却对你抱有满怀期望的农民时，我才认为我的帮扶“万村行”是走对了。处在孤立无援和痛苦挣扎中的农民,他们是多么需要社会的帮扶啊。他们并不贪婪，他们只求一点小小的希望，就是起死回生的那么一点希望。就这么一点儿，也不全是为了自己。就拿这个家庭来说吧，被伤痛折磨的男主人心中不是考虑怎么医治自己的伤痛，而是能为两个孩子交起几十元的书本费就足矣。这是一个多么微小的愿望啊，可现在就连这个小小的愿望几乎就要破灭了。他现在唯一能做的就是忍受着伤痛和内心中的痛，别无他方！

# 3月8日

## 农民不需要地方政府越俎代庖搞新农村建设

早晨八点多在杨校长家吃过早饭后，他骑着摩托车送我到一个半山坡上。因为摩托不能再走了，我下车后准备按照杨校长指给我的方向去山后的一个村寨。就在此时，正好碰见从山坡小路走下来几个要外出打工的村民。他们看见杨校长连忙打招呼问好。杨校长也顺便问起他们寨子的一些情况，同时也向他们介绍了下我。其中一个高个年轻的村民听说我是从上海来这里做扶贫的事情，他很是轻蔑地上下打量我一番，就用贵州本地方言对杨校长说："我不相信有这样的人，是骗子的可能性很大。我就在上海打过工，我非常了解上海人。他们都非常精明，也很小气，哪里会有这样的人？你要注意，不要被他给骗了。"

殊不知，我能听懂他们的方言。我假装没有听懂就还是平视着他们，听着他们的对话。杨校长听他这么一说也有一点儿迟疑，但他很快就很肯定地对他说："不会，我相信这个老师。昨天我已经带他去过下边几个村寨了，晚上就住在我们家的。今天我去不了你们寨子，他说自己要去你们寨子看看。"说完后杨校长就给我详尽地说了下行走路线，由于山路窄小陡峭，我几乎是顺着小道向上爬行。

由于前天下过一场大雪，山顶气温还比较低，远远看去还有许多积雪。我爬到山顶一个垭口处，向坡下看去不见有村庄。就在我不知道向左还是向右时，山坡的后边走上来几个人，我加快步伐走过去，向他们打听去栾老寨的方向。我沿着村民指的方向又走了一个多小时才到了这个非

常偏僻的小寨子。

这个寨子也属于丰勇村的一个自然村，但是它们相距有20多公里，寨子被四面大山紧紧包围着，耕地就是陡峭的石崖缝隙里开辟出来的零星地块。

当从山顶上下到谷底就要进到寨子时，我心里忽然想起了在山背面遇到的那几个村民说的话，也有些忐忑不安。我不知道寨子里的村民能不能接待我这个不速之客？可我已经走了这么长的崎岖山路来到了这里，不能打退堂鼓啊。我安慰自己说："你不是骗子，你怕什么？你是来考察农民生活和发展状况的，你是来帮助他们的人啊……"

我在内心作了一番思想斗争后走向一户村民院落。场院中有一个上了年纪的木匠正在打家俱，我走上前去与他搭话。他听我是外地口音，忙停住手中的活和我说话。他很热情，随手搬过一个凳子赶紧让我坐。我就对他简单地说明了我的来意，他听后很是吃惊，又仔细看了我一遍问道："你是自费来做这件事啊？真是了不起，了不起啊！社会上像你这样的人能多一点我们农村发展起来就快了，农民过上好日子也就快了。我不是这里的人，我家住在镇上。这家人女儿要出嫁，请我来给做陪嫁的家俱。"

我们正说着一位和这位木匠年龄差不多的村民走了进来，木匠就忙对我说："这是主人，他弟弟就是村干部。你来这家还是来对了，你让他带你去村干部家去谈谈。"

我就和这位村民去了他弟弟家。当我走进屋子时村组长正好准备要睡觉，因给一位朝鲜志愿军老人办理后事，他连着三天三夜没有睡觉了。他听我介绍后就赶紧从床上跳了下来，带我去走访了几户生活状况不很好的家庭，然后他让我和农民谈，他回去休息会儿。

我随着一中年村民到了他家，还有几个村民也一起来了。我们坐下就攀谈起来。这位中年村民向我谈了他家情况，之后他一直向我强调一件事："我很想办一个粉丝加工厂，就缺乏资金。我不要很多钱，有个四五万块钱就足够了。我们这个地方很偏僻，每年种的红薯都喂了猪，

好可惜啊。如果办个粉丝加工厂把淀粉加工成粉丝，粉渣喂猪，这样经济效益也好，红薯也不浪费了。”

村民都对我这个陌生客人比较感兴趣，问这问那。可这位中年村民自说完他的心愿后就很少发话，他一直默默地坐在一旁，不时给我和村民们添茶水。当大家你一言我一语说了半天后，他才开口说话：“这位老师，你一直说尽你一个人的力量为我们农民做点儿事。我认为你这不是一件小事，今天看是你一个人来我们这么偏僻的寨子，可你的行为会影响一大批人来关心我们农民的。你的这个行为非常高尚。你做这件事啊，要我说就是为人类做着贡献。我非常敬佩你，尊敬你！我们农民不会说假话空话。”

当听完这位中年村民的“总结发言”，我很震惊！在这么偏僻的深山之中，一个看似极其普通的村民能够对一个事物、一个问题上升到这样的高度，真是让我万万没有想到。

当离开这个山寨时，一路上我一直在心中默默地告诉自己：不论何时何地何人，都不能用歧视或者用有色眼镜看人。农民并不缺乏智慧，他们虽然身处大山深处，他们的贫困只是缺乏合理的资源配置（资金、信贷等），并不缺乏改变家乡、建设新农村的能力。

由此，我想到国家提出的新农村建设，只要各级政府把国家政策准确、及时地传达给村民，把他们短缺的资金及时解决了，他们一定能够把新农村建设起来，并且能够建设得更好。农民才是最了解当地实际状况的。他们做出的发展项目一定非常符合当地的实际。我们有些地方政府部门不要越俎代庖去搞那些政绩性的“新农村建设”，政府部门只要为他们做好各项服务就是了。

# 3月9日

## 乡村百姓最懂得回馈社会

从地图上看松桃县最偏远的乡镇一个是县城东北角的木树乡，另一个就是西北角的甘龙镇。木树比较近，但是它处在三省交界地，经济比较落后。甘龙距离县城有200多公里，更是在大山深处，经济也十分落后。由于此次的时间限制和体力的原故，我选择跨过几个乡镇直接到甘龙镇去。当我把计划告诉杨校长后，他高兴地叫了起来说："好啊好啊，你去那里我可以骑摩托车再送你一程，这样你就可以不用骑自行车骑得那么辛苦了。再说，我还有个同学是那里人，他也是位老师。蔚老师，你到那里，他也可以给你当向导了，你就可以不用费很多周折了。"

我听后先是非常感激，可又一想他送我去虽然很好，但是这样会给他带来许多不必要的麻烦。一是路途很远，他来回需要花费许多精力和油钱；二是他们开学不久，学校还有许多工作要做（这天是星期五）。三是骑摩托带着我一个人可以，可是我的自行车怎么办呢？想到这我坚决不同意他再送我了，我让杨校长把他同学的联系方式给我，这样我到了那里就可以找他。可是杨校长把我提出的问题都给一一否定了，他说："我下午放学后再走不会影响我的工作，费点油钱怕什么？我决定了要送你就没有想着浪费油钱。送你一段路我感到很值得……"

我拗不过他，最后提议我先骑自行车走，然后他下午放学了骑摩托来赶我，我们在半道上汇合。起初他不要我那么累，还是等他放学一起走。但我这次没有答应，他只好同意了我方案。杨校长让他妻子把早饭做得

丰盛些，好让我吃好有力气走路。吃过早饭已经是九点过了，我骑上自行车上路了，还没有骑到 10 分钟，前面就是长长的上山路，我只好推着车前行了。

下午四点多杨校长骑摩托车赶上了我，他把我的背包和自行车全部绑在摩托车后边，一路小心谨慎地骑着。我们又在颠簸中走了两个多小时，终于到了他的同学任教的村镇。他的同学冉老师正在镇上等我们。我们见面时天已漆黑。可是冉老师家不住在镇上，还要继续向深山中走。三个人，一辆摩托车。最后我提议他们俩人骑摩托车走，我骑自行车在后边。他俩怎么也不答应，说那样太累。我坚持要他俩骑摩托，他们只好答应了。就这样，我们向大山深处继续前行。天气连续阴了好几日了，眼前没有一丝亮光，我拼命紧跟摩托车推着自行车奋力小跑。杨校长他们其实走得也非常慢，崎岖不平的山路在黑夜间万分难行，高一脚低一脚，有时还会走进深深的水坑之中。就这样在山中上上下下，缠缠绕绕，磕磕绊绊地又走了两个多小时，终于到了冉老师家。我借着灯光看了一下，自己从脚上到裤子全是黄泥浆，衣服全部被汗水湿透……

冉老师的妻子早早地做好晚饭等着我们的到来，她看见我浑身湿透了就赶紧把在厨房间的“篝火”烧旺，让我们坐到跟前烤着。晚饭是丰盛的火锅，这里的火锅就是把一个支有三角架的锅放在我们取暖的火上边，我们一边烤火一边吃。其间杨校长和冉老师说起进村时的艰难，摩托车几次上陡坡都熄火了。冉老师说：“白天走不好都有人经常摔倒，单人什么也不带上坡都非常吃力。蔚先生你推着自行车而且车后面还有那么重的一个行李包，你一个城里人怎么吃得了这么大的苦啊？”

说实在的我其实也没有想到哪里来的这么大力气。我只是想着不要掉队，不要让他们一直走走停停等我，因为我只有借着摩托车的灯光才能认清哪里是路哪里是沟是坎儿……

躺在床上后，我回想起自进贵州这一路走来的情形。我想到的并不是我自己的艰辛，而是这一路走来所遇到的许多热心的人们。他们无形中给了我巨大的精神动力，尽管时常也会遇到一些不信任我的人，但是多数人都是非常支持我，如我在正大乡官舟村遇到的吴村长，他也和杨校长一样为了让我减轻一些路途辛劳，骑着自家的摩托车，无偿带我走了许多村寨，行程也有四五百公里。在与官舟村吴村长告别两天后，我来到了大坪镇一个开餐馆的村民家中。他全家邀请我与他们一起去县城观花灯（县城举办元宵灯会），他们说："你这么辛苦，应该轻松休息一下。"我不能驳他们的盛情，就和他们全家一起乘他们亲戚家的车去了县城，这让我一个孤独的"行者"有机会领略到松桃县举办的元宵灯会。灯会上盛装的苗族姑娘个个美丽如花。色彩斑斓，造型各异的彩灯映照着如潮的人流。在两天后我又遇见了热心又富有爱心的杨校长……

这些给我帮助与支持的人们都有一个共同点，这就是心地善良。他们各自都从不同角度，用不同方式也在帮助自己的乡亲们脱贫解困。如官舟村的吴村长想尽办法为村民解决吃水问题、修建村公路问题，等等。当我要离开时吴村长还一再嘱咐我帮他们村寻找西瓜、梨树等种植管理技术。大坪镇的餐馆老板还给镇中学的几个孩子资助学费。杨校长更是与同事们尽最大努力为交不起学费的孩子垫付学费，这已经不是一次、两次，而是自他从事教学工作以后就一直这样。他对我说，这是因为他

也曾经是一个交不起学费的苦孩子。尽管从去年开始国家对农村孩子减免学杂费，但是还是有许多孩子连书本费也交不起，他们依然要为这个些孩子考虑，想尽办法不要孩子失学。

这就是百姓的善良本性与道德良知。他们不但帮助我这个陌生人，而且还一如既往地做着他们力所能及的好事。我深深被他们的行为感动。他们虽然没有什么惊天动地的壮举，但是他们用自己的行为，为社会和谐贡献着一份力量。我也由此更加坚定了帮扶“万村行”的脚步，同时我也相信，只要我们每个人都能付出一点爱，和谐社会的建设将会越来越好。

# 3月10日

## 无钱看病读书的农村孤儿该由谁来管?

当我看到在田间里帮年迈体弱的伯父、伯母干了10个多小时农活的一对未成年孤儿,不由得感到万分心疼与难过。姐弟俩的小手早已被泥土、青菜汁液染成墨绿色的。尽管已在田间干了10多个小时，可他们还没有要收工的意思。两个孩子几乎是头也不抬地还在那里干活。

早晨我随冉老师先去山背面一个更为偏僻的村子，就在我们上山的途中遇到辽木村姐弟俩和伯父伯母一起在田间干活，那时是早晨八点多点。冉老师与他们简短地打了个招呼，询问了一下两个孩子的上学情况。因为冉老师和他们不是一个村子，所以不怎么了解详细情况。当冉老师问到两个孩子上学的情况时，他伯父停住了手中的活，直起腰长长叹了口气说:“难啊！我们老两口儿也干不动了,家里也没有个什么能出产（变卖成钱）点钱，这个小的（弟弟）我们东挪西借给凑够了30多块钱交了书本费，昨天才拿回课本。这个大的（姐姐），因她没有交钱学校不给发书本，就让她回来了。她回来哭啊，可我们没有一点点办法了呀！现在家里唯一能卖的就剩点儿红薯了，可现在也没人要。你说说，冉老师，我这做伯父的也只能让他们不饿肚子，就只有这么大能力了呀！我们这么大年纪了，想出去给人家干点儿活给孩子挣点儿学费，可也没有人敢要啊。现在只能眼睁睁看着孩子哭，我也想不出个好法子！往年读完小时我去村上给老师说说也可以欠着，然后我们慢慢攒着钱补交。今年他们中学死活不同意。”

“唉，孩子的爹娘说走就全走了。两个可怜的孩子连个饭都吃不到嘴里，我们年纪再大也不能看着孩子不管啊。我们只能把孩子给拢到我这儿，帮着给照看。可是再供他们读书我们就一点力量也没有了。我和他们伯伯要是不老还可以挣点儿钱供供孩子。两个孩子学习都很好也很懂事，可是我们只有看着心疼的份儿，再没有别的办法。”一直埋头干活的老婆婆抬头对冉老师说。

冉老师听后也叹了口气，之后说了声：“慢慢想办法吧，尽量不要让孩子失学啊。你们忙吧，我们要去黄柏溪，路还远，我们就先走了，回头再来和你们聊。”

路上我心里一直想着“孤儿，农村的孤儿”，想着想着眼前又浮现出乌罗镇那个没钱治病被疾病折磨着的孤儿小女孩儿，农村像这样的孤儿还有多少？他们的生活都是怎样的？我这才走了两个县，遇见的寄养在亲友家的已有好几个了，他们的生活和上学状况都不是很好……

几个孤儿的情形在我的脑海里翻来覆去，我在想怎样才能让农村的孤儿有个合理合法的依靠。不要把农村孤儿抚养、教育和医疗等负担转嫁到他们的临时监护人身上。他们的临时监护人要不年纪已大，还有就是人家也有孩子。他们的收入本来就不稳定也不多，让他们来承担这些孤儿的教育、抚养和医疗是很不合理的一种做法。

想着想着，我们不觉就走过了 10 多公里山路，到了一个高山顶上。看着眼前满目青翠的山林，我的心情有些舒畅了，暂时放松了下心情。满眼苍翠的松林，还有叫不上名的竹子在微风中沙沙作响。满山的杜鹃花也开始吐蕊，松香、竹香、花香混合着扑鼻而来。我有些陶醉，放慢了下山的脚步……

在午饭时分，我们一行四人终于到了这个名叫黄柏溪的山村。其实，这个村子地处在大山深处的山腰间，并没有什么溪水，至今还没一条村级公路，不论是从哪个方向到这里来都走人们天长日久走出的羊肠小道。这里只有 20 多户人家。山村非常宁静，除了已经外出打工的人，留下来

的大多数都在地里忙着春种，有的往地里背粪，有的在挖地，有的种土豆。

在这个小村寨走访时，我无意间又遇见了一对未成年的孤儿小兄弟。他们兄弟俩相依为命，我们见到他俩时他们也是刚从地里干农活回来。他们满脸稚气却已经承担起生活的重担。他们刚回到家小弟就嚷嚷着饿得不行了，哥哥跑到厨房里找来一块干硬的糍粑饼放到火上烧烤（这种烧烤可不是我们在城市里那种美味的烧烤哟，它只是烤热一点）。烤了一小会儿就递给弟弟吃。虽然他是哥哥，可依然还是个孩子。他眼睛盯着弟弟吃，不时地咽着口水。

看到这情形，我心头一阵酸楚只得转把头看向另一边。

我没有再问他们什么。他们生活虽然艰苦，我相信他们一定能战胜困难的。只是还需要一些时间，如果有一个好的政策，能让他们不为生计去干他们本不应该干的重体力农活，能让他们在未成年前完成学业，这该多好啊！可是，现实不能设想，现在他们不但要为活下去种地，还

要努力去读书。这就是这对未成年的小兄弟目前的处境。

下午，我怀着极其复杂的心情离开了黄柏溪村。当我们又一次翻越山岭返回木盆村时，我们再次看到早晨在地里与伯父伯母一起干农活的两个孩子。这时距早晨已经过去了 10 个多小时，他们依然在那里不停地干活。小姑娘看见了冉老师就向冉老师问好，并叫冉老师和我去她家（伯父家）吃晚饭。我看到小女孩累得满头汗水，脸通红。弟弟在往背筐里装姐姐砍下的喂猪青菜。我问小女孩想不想读书。小女孩用手背擦了下头上的汗水说：“非常想，可没有钱交学费。”

我没多想就伸手摸出口袋里唯一的 200 元钱交给小女孩。小女孩的伯父伯母起初死活不收，后来我就对他们说了我到农村的来意，他们才千谢万谢地接了过去。这时冉老师也把刚才人家给他孩子的 100 元压岁钱给了小女孩。

# 3月10日晚

## 农民的出路在哪里？

下午六点多告别了孤儿姐弟后，我们加快步伐往山下赶，到山下冉老师家时已经是黑夜了。

晚饭时木盆村的有10多位村民陆续来到冉老师家中，因为在白天他们听说村里来了一个搞帮扶的上海客人，所以想来探个究竟。

木盆村是一个自然村，全村20多户人家，在一个近似木盆盆底的深山谷底，但是该村农民耕种的土地全部在三面山坡上。

“村民原来的住房是依着山势拾级而上建造的木屋，有的木屋都有上百年历史了。可就在前年冬天的一个晚上，一场大火几乎把寨子里所有村民的家给烧毁了，留下的也只是些残垣断壁，无法正常居住了。房子没有了，粮食没有了，衣物用品没有了，所有的东西都没有了。全寨子老老少少赤手空拳地在山坡上看着大火在瞬间就把自己的家给吞噬了，但也无能为力。那天夜里真是天寒地冻，可我们每家每户连个栖身之地都没有，真是绝望啊……”今天清晨，冉老师指着那陆续已经恢复重建的山坡跟我说。

在大山深处，阳春三月的夜晚还是比较冷，饭后大家纷纷叫我坐到烤箱边烤火取暖（一个木炭火盆放在中间，火盆是用木板架空着，四周用木板做成一个四面相连并且密封的板凳，人们围坐在这个四方形的木凳上烤火，这里的人们叫它为烤箱），大家围着烤箱聊了起来。村民你一言我一语地开始向我发问，有一句非常直接的话当时深深地刺痛着我的心。

这就是——农民的出路在哪里？

“老师，你对我们这里的生活习惯吗？我们这里穷啊，没有什么好吃的招待你，只有一片热心肠，可是不能吃。老师今天上山看了我们这里的大山，体会了这里的山路，你看像我们这样的山区条件能发展个什么吗？”

“我们寨子和其他农村都一样，年轻人都出去广东深圳还有你们上海打工去了，只剩下我们这些老弱病残。你看搞点什么能把我们这穷面貌改改啊？要不改变啊，就连个下一代都没有了。女娃出去就不回来了，男娃谈不上对象，就是谈上了也不进我们这里来。有的一听你是贵州山区的干脆就不和你谈。现在已经有好几个光棍了，他们常年在外打工也挣不上个钱。你看我们这日子过得难不难啊？”

“我们这里的山区没有公路，离城市又很远，发展点什么都卖不出去，没有人来买啊。你看翻过我们后面这个山就是重庆的秀山了，那里就有许多农民把地荒弃了打工去了。我们这里出去打工的也挣不到几个钱，有许多年轻人没钱连个家也回不来。我们也想搞点什么新东西，可没有那个资本和技术。再说在我们这里搞什么都不成，首先路不通啊。”

“老师，我一直想搞养鸡，你看我们这里合适吗？不过我们缺乏技术，鸡得了病就没办法了，我们本钱少担待不起病灾什么的。我计划了许多年了。我现在住的那个镇上土鸡价钱还是很好的，销得也很快。我就是不知道能不能搞好，想了又想就是不敢养。”

这是一个年轻人问我的。他问的问题，正好是我今天沿途考察后想告诉村民的一个项目。这个村虽然交通不便，土地都是山坡地，但是三面都有很好的自然山林。家家都有承包的山林地与荒山草地，非常适合搞养殖。我建议这个年轻人就搞土鸡养殖，在他家承包的山林草地里搞土鸡散养，由小到大发展。我详细给他讲了土鸡的市场前景与市场价格，并着重讲了饲养方法。原来坐在他一旁一直很沉默的老人是他的父亲，他听我讲了之后一下子精神了起来，开始不断地问我许多细节，还反复问能不能养好和卖得出。我告诉他，“一定能养好，你们这儿空气非常好，林地、草场也非常宽敞，散养鸡也还有除虫灭害的作用。白天林间、草地放养可以减少饲料用量，还减少虫害，是一举两得的好事。你儿子很有头脑，想法也很正确，你要支持他给他信心。散养土鸡不但节省饲料而且经济效益要比工厂化养殖的高。规模不要一下搞得太大，由几十只到几百只养起，先摸索、掌握经验，同时开拓市场逐步发展，之后也可以带动全村发展。这样就会逐步形成一个良好的规模，有了规模客商也会找到你们来收购。关于技术问题，我帮你们购买养鸡光盘，你们也可以用电视直观地看和学习。”

村民的热情一下子被我刚才对这位年轻人的想法的肯定所激发，我话音刚落他们就争先恐后地问我，他们这个地方还有什么项目可以由小到大发展。

我还没有来得及回答，冉老师就开口了，“今天我陪蔚老师了解我们村上的经济情况。我就把所有情况都向蔚老师介绍了。他很认真地观察我们这里的地形，植被林木，草地荒坡。蔚老师在路上对我说，我们山上非常适合养羊，养牛。这和我以前的想法非常一致，只是我不敢肯定这么做能不能赚到钱。今天蔚老师让我感到豁然开朗。我们山上有那么宽敞的荒坡草地，还有那么好的林地，都是天然的，可我们一直浪费着，从没有想着利用起来。林地那么大非常适合散养土鸡，也很好管理。荒坡草地我们就养羊吧，蔚老师说了，养羊繁殖快，市场也比较好。养羊不需要像养猪费那么多饲料，我认为这个项目的确

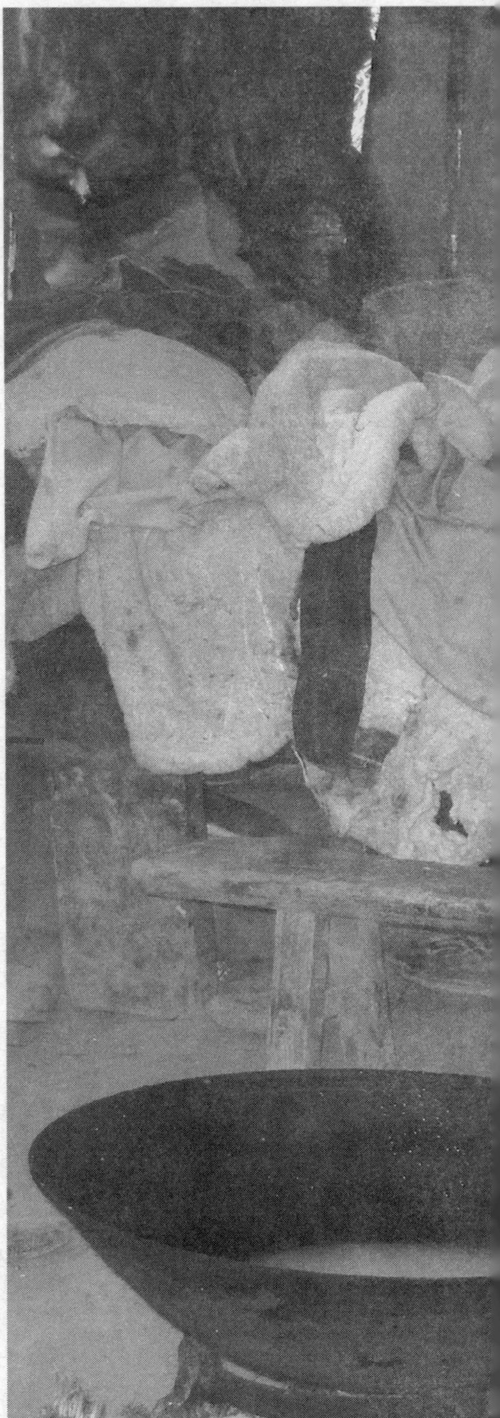

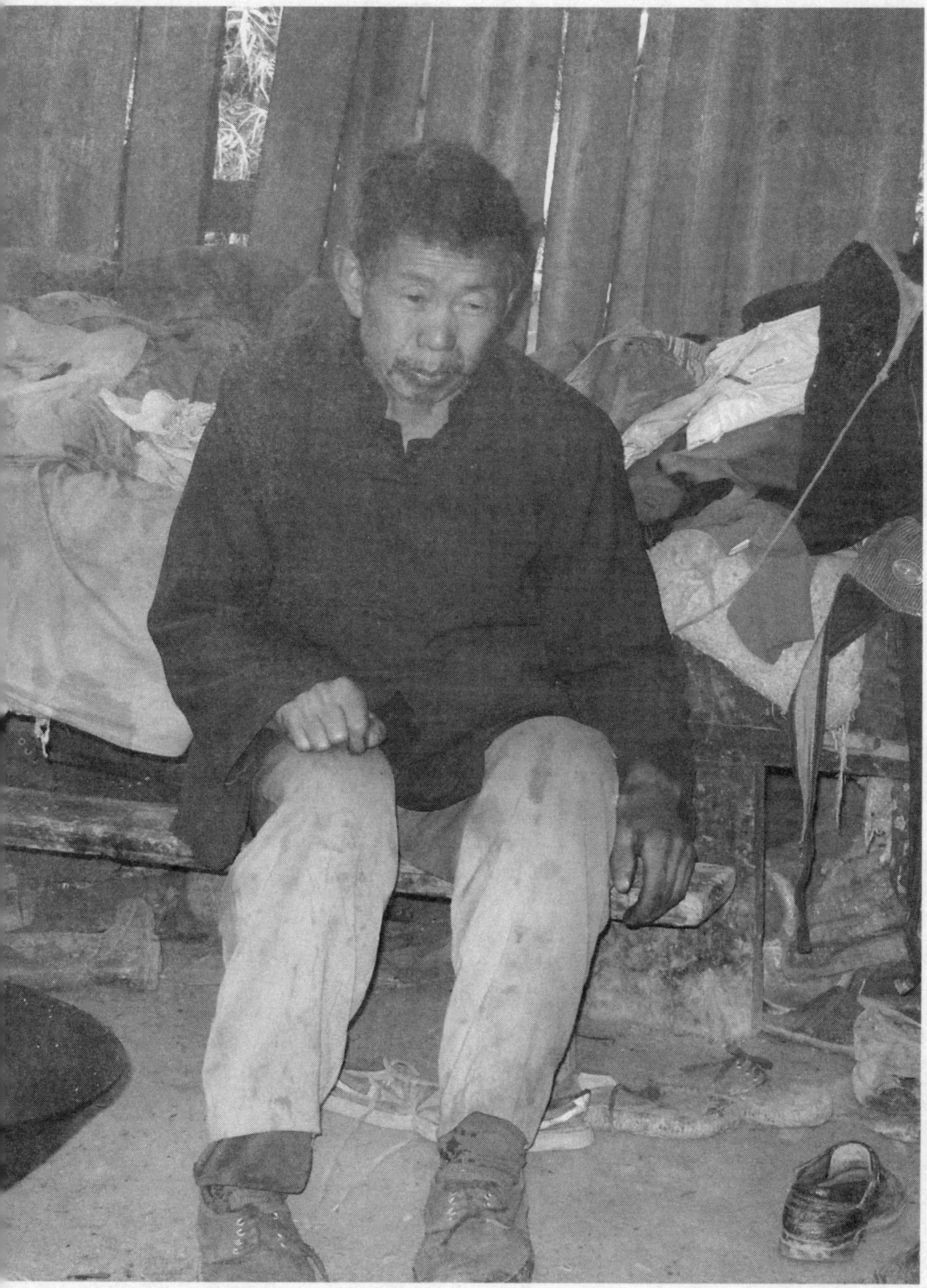

很不错。蔚老师说秋天我们把秸秆储藏好也可以做养羊的饲料，这样也不浪费了。”

我接过冉老师的话继续说：“你们这个山上有许多野生猕猴桃，还没有很好地重视起来，野生的猕猴桃营养价值很高。只要我们保护好这个野生资源，同时掌握好采收时机，每年也有一笔不小的经济收入。”

有一位年纪比较大的村民说：“像这位老师这样的人多一点儿到我们这些山区，我们就不会这么穷了，发展起来也就快了。因为他们信息广，看问题和我们没有出过门、没有文化的农民就是不一样。我们祖辈就只知道在那个土里刨食，其他什么也不会也不知道啊。没有人给我们指导指导，我们什么都不敢干也不知道向什么方向干啊。我们就知道树长大

了把它们伐了卖了，怎么就想不到利用树林还发展点儿什么呀？那么宽敞的树林，就那样祖祖辈辈白白地浪费着，树林里不能放羊，怕羊把树子啃了，可养鸡就不怕它们啃树，鸡还可以把虫子给吃掉，这事多好啊！就在我那半边（10 多亩自然林地）山上养鸡，我估摸着一年至少也可以卖他个万把块钱。这比那些出去打工的要强多了。这个老师，你能在我们这儿多住些时间吗？好好给我指导指导，我们农民不会亏欠你的。养了羊第一个给你吃羊肉。”

大家的情绪越来越高涨，不像晚上初次见面时那么沉闷了。通过今晚的交流，我把他们所遇到的困难和优势做了较为详尽的分析和比较，再把可以发展的项目与他们深入地探讨了一下。大家好像一下走出了死胡同，气氛变得活跃起来了。

一位村民说：“要是蔚老师早点儿来我们这里，说不定我们这里早就发展起来了，那些房子烧了我们就盖楼房了。不过现在认识蔚老师也不晚，我们还是看到了希望和未来。”

我对村民说：“现在国家的政策非常好，只要大家好好发展，国家就会支持的。我一个人的力量是有限的，你们要多看新闻，多了解国家政策，现在新农村建设政策就是为了让农村发展得更好，使农民经济收入尽快增长。我也就是凭我的点滴力量给你们一些帮助，在我力所能及的范围内提供一些帮扶。重要的是你们要对未来充满信心，把你们这里的优势挖掘出来，让它发挥得更好。你们这里就会很快改变现在的面貌。”

夜已深，但谁也没有要离开的意思……

# 3月11日

## 是什么让留守儿童沦为农业童工？

这次帮扶“万村行”自春节前出发到现在，已经整整过去一个月了。由于贵州是一个高山丘陵地区，在乡村、山寨里骑自行车行进的艰辛，没有体验过的人是难以想象的。身体的极度消耗和营养缺乏，已让我感到有些体力不支了。可当我想到这里农村的真实生活情景，就不由得打起精神来坚持前行。

由于冉老师的一再挽留，我本想留在他家（木盆村）休息一两天后再继续下一站。在昨天晚上躺下那一刻我又改变了这个想法。因为我没有足够的时间为自己考虑了，还有比我更劳累的人。他们就是在农田干活的孩子们，而且这些孩子大多都是留守儿童。

有的孩子父母春节根本就没有回家，有的回来还没有来得及与孩子“熟悉”就又返回了打工地。家里的农活和春种就落在了这些孩子和爷爷奶奶们身上了。还有一些孩子是和叔叔婶婶们一起生活。不论是春节刚过没几天，还是在开学后的这些天里，我都能看见在农田里忙活的孩子身影。这些孩子有的和老人一起干，也有个别孩子一个人在地里干着农活。

在乌罗镇，一个13岁的小男孩就是一个人很卖力地挖地种土豆。我是在上山去另一个村寨时，在半山坡上看到他的，当时我要赶路没有太在意。但当我从另一个寨子返回时，看见他依然在那里卖力地干着活。这时，距我上午看到他时已经过去七八个小时了。我看到他满头大汗，还没有要收工的意思。我很好奇地叫他休息会儿，想问问他一些情况。

他看到我一个陌生人，说的又不是当地方言，好奇地微微抬头看了我一眼，还是继续挖地。

我走过去问："小朋友，你怎么没有上学去啊？大人呢？怎么就你一个在这里干活啊？你会种地吗？"他很干脆："上学。刚开学，课不难，我请假种洋芋。我不一人干活谁还能帮我啊？爸爸妈妈他们不在家，都出去打工去了。我妹妹还小不能耽误上学啊。"他倒是很懂事。我又接着问他："妹妹学习不能耽误，你的学习就可以耽误啊？"男孩连忙说："也不能耽误，耽误了的话，爸爸妈妈好不容易挣点钱，不就叫我们白花了吗？这几天我要抓紧把洋芋和苞谷种完了，然后就好好赶作业，我能赶上的。"我还是有些不解地问他："你们家就没有其他大人吗？这么重的农活你能干得动、干得好吗？我看有许多农民还用木桶背粪肥到地里，你们家的地里不背吗？你能背得动吗？""能啊，我妹妹她比我小好几岁呢，她放学了也要背啊。只是我给她少装点呗。我爷爷腿疼不能走远路，站得长了就疼，只能在家里给我们烧饭吃。"

天色将黑，我不能和这个小男孩再继续谈话了，只好向他说："再见。"这时小男孩却停下了手中的活，直起腰来毫不犹豫地说："叔叔，你去我们家吃晚饭吧，晚上可以住我们家，我爷爷肯定很高兴的。去吧，我挖完最后这点儿地，你和我一起去我们家吧。"此刻我心中油然产生一种爱怜。我走近他拍了拍他的肩膀。孩子微笑了，他还有些害羞，等着我的回答。我告诉孩子说："孩子，叔叔已经和别人说好了，晚上去他们那儿住。明天叔叔还要赶路，你快挖吧，挖完了早些回家。"

孩子毕竟是孩子，他没有再挽留我，也没有说再见。但当我离开他有一些距离回头看他时，他还在那里目送着我，脸上依然挂着微笑。

类似这样干着重体力农活的孩子不在少数，几乎每天我都能见到。太平乡上堡村有一个10岁左右的小女孩儿，她每天都要上山割猪草，去二里多外的河边挑水，回家剁猪草、煮猪食、喂猪，整整一天我没有见她像普通孩子一样玩耍过，都是在不停地干活。后来才知道她是和哑巴姑姑一起生活，爸爸妈妈都外出打工了。家里的重体力活主要靠她干。

大坪镇腊岩村一个读小学二年级的小女孩也几乎是包揽了全部的家

务活。她母亲离家出走多年，爸爸常年在外打工，也有几年没有回家了。我问孩子还记得爸爸、妈妈的模样吗。小女孩只是笑笑没有作答。我问她干活累不累，她也笑笑没有回答。一旁的奶奶对我说："怎么能不累啊，农忙了她还不是要去干啊，我又干不动了，只有她和爷爷一起去做。不种地就没得吃。老的老，小的小，可饭还得吃啊。出去挣钱的，钱不见钱，人不见人。撂下我们老两口带两个孩子，现在都上学了，上学也要钱啊。我们要弄点儿学费都难。你说说我们农村人这日子咋个过法啊？"

在一旁的老大爷忙接过话说："你看你，对人家公家人说这些话干吗？我们没有过好不是国家政策不好，都是怪我们这些没有能力的人没过好，不能怪国家啊。你说对不对，同志？"我赶忙说："大叔，我不是国家人(国家干部)，我是一个社会自由人，您说得对，大妈说得也有道理。"后来大妈悄悄对我说："他是个党员，他经常不要我多说话，我说了他都会说我是错的。"

昨天我除了见到那对未成年的姐弟孤儿，还有那对兄弟孤儿，后来还在路上看到几个小孩也在和老人们在一起干农活。这些孩子的父母大多数都外出打工，孩子多数是留守儿童。

有许多报道说，农村留守儿童大多数都是缺乏应有的家庭教育，使得他们成为社会的边缘群体，甚至有许多走向了犯罪的道路。然而我所见到的这些孩子们，他们不但没有走向犯罪，而是被生活所迫沦为农业产业的重体力劳动者，即他们无奈地成为"农业童工"了。

"农业童工"在农村已带有普遍性，同时它还带有隐蔽性，并且长期被社会所忽视！

# 3月11日

## 80多岁了，我手里还没有攥过100块的票票

“我把这人活得有什么意思？种了一辈子庄稼，今年我都 80 多岁的人了，就快要入土了，可我手里还没有攥过个 100 块钱的票票。”

“这世上的什么苦都吃过了，可就是不知道享福是啥子滋味？直到今日我还是不知道啊！我今天不去干活，明天就没有饭吃。你看看我们这穷可是几辈人了，为啥子就会这么穷？怎么就一辈一辈改不了这个穷命？打我记事起，我爷爷就像个叫花子，从没见过他身上穿过一件新衣服。他的衣服不是补丁摞补丁就是东一个窟窿西一个窟窿，前布头后布片的。我们老汉（父亲）在我很小的时候就死了。我和哥哥都是老母亲把我们养大的。可到了我们这辈，还是没有给她老人家吃上一顿好饭，穿过一件好衣裳。我老母亲最大的心愿是进回县城，可就是这个愿望我也没能让母亲实现。母亲连城市是什么样都没见过。她临死时还惦记着让我替她进城看看。”

老人终于忍不住了，下陷干涩的眼圈泛起湿润的眼泪。

“我对不起我妈啊！在我们这个穷山区，想走出去连个路都难找啊。我在这里苦了一辈子，也还是没有攒出个进城的钱来，我无能我不孝啊！”

老人终于哽咽得说不下去了，我急忙劝慰他。可我不知道说什么好，只好在嘴里不停地嘟囔着，可没说出一句成形的话。我更多的是用充满同情的眼神安慰他。老人虽然也没有听清我说的是什么，但他紧紧握住我的手。我感受到老人看懂了我眼睛里的语言。

我终于舒了口气，从老人对面的椅子上挪了下来，半蹲着坐在了他的面前。我们的手还紧紧握在一起。

这是我帮扶“万村行”到了松桃县西北边最偏远的一个乡村，这个乡叫瓦溪乡。该乡处在在一座大山的半山腰之上。离乡政府所在地不远的梯田里建有多个新型蓄水池，大多都蓄满了水。遇到干旱时池中的水可用来灌溉极少部分平坦的梯田，在这个高山丘陵地区要以此提高作物产量，解决百姓脱贫问题可以说是杯水车薪。

我看到在地里的农民把被风吹雨淋、流水冲刷到田外石头上的一层薄薄的土都用锄头全部刮到田里来，不由得心头一震。在一些平原大川地区、在许多城市周边的人们不珍惜土地，并且肆意破坏和浪费土地。而在偏远山区艰苦生活的农民，他们却是从石缝中抠土种地。这里的农民没有因为土地的瘠薄、稀缺而放弃耕耘，尽管他们祖祖辈辈因无力改变生存现状而延续着贫穷的生活，但他们不断尝试着、努力着。只是他们个体的力量太弱小了，他们抗争不过强大的外力，也战胜不了长期的贫穷。

老人从邻居家找来一小撮茶叶，又从厨房取来一个大碗，把茶叶放在里面给我沏上，在我一再要求下他也拿来一个小碗，我给他倒上了一碗。他不停地对我说：“哎呀，我是给你泡的茶，怎么能让我喝啊？”我拉着老人的手让他坐下，他慢慢向我倾诉他这一辈子、一家子的凄苦生活。

“十一二岁的时候，我还有个大哥，他带着我去学做生意，那时我个子很小，看起来还没现在完小娃娃大。做生意要有本钱啊，我们家没有。怎么办？就只好在寨子里收点儿土产，先赊欠着寨子里的乡邻。把土产品挑到山外，变换成钱再买些山里人用的针头线脑带回来，回来后大部分用来抵还赊欠的，剩下点就留本，可这个哪能叫本啊？还是些东西，再出去时还是拿这些去换些土产，就这样我们山里山外地跑了两年多，到头来一分钱也没有赚回来，反倒赊欠了寨子里人户家的许多。这时有人给我大哥说了门亲，他为了成个家，又硬着头皮说再做一回生意，就带着我出去了一趟。可这趟出门他就没能回得来。夜黑，看不清落脚处，我大哥一脚踩空摔下了山。天太黑，我一个人哪里也不敢走，就站在山上喊，可怎喊也没有回应。大雨整整下了一夜，我就坐在那里没敢动。我又害怕又

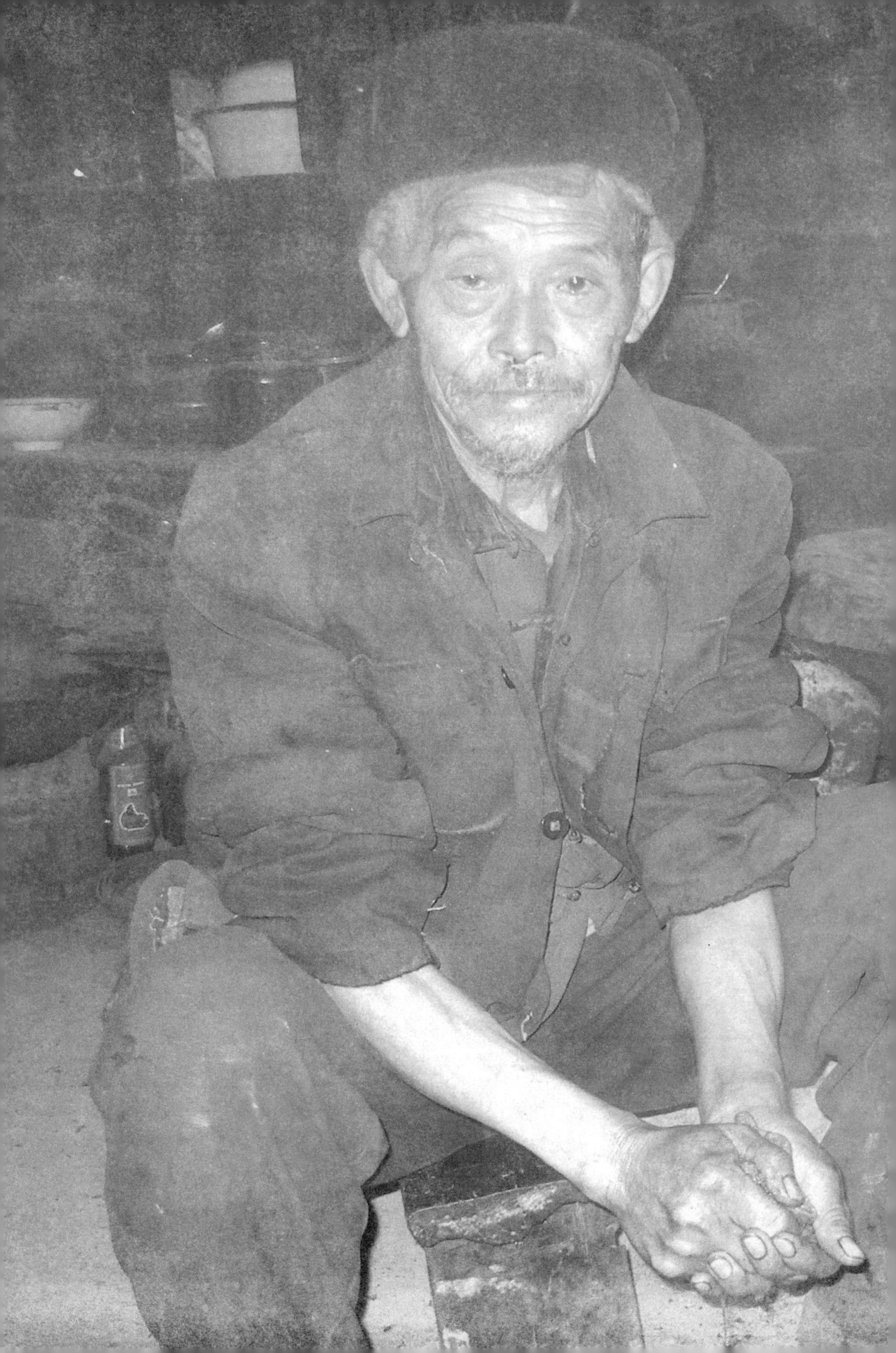

焦急，被雨浇得浑身发抖。现在想起来我都害怕，不知道那个晚上是怎么过来的。直到第二天朦朦亮我连爬带跑回家叫人去找，找了三天我们才找到大哥的尸首。找到时他身上连一件衣服也没有了，都被大水刮了个精光。大哥就这么死了，那时他才 16 岁。没赚到钱连人带本都没有了，埋我大哥时，卷得草席也是向别人家借得一张旧席子。”

“我母亲本来就是守寡拉扯我们兄弟俩。我大哥这么一走，她受到的打击太大了，自那以后她说什么也不让我再出门了。我母亲在我很小的时候就得了腿疼病（风湿性关节炎），她的一条腿后来在我们大点儿的时候就疼得不能打弯了，走路就跛着腿。我没有一分钱给她治病，听土医生的话就自己在山上挖点儿草药，可吃了也没有治好。她还是要上山下山地走路干活、背水、背粪肥、背柴火。她不做活我们就没得饭吃。

我们渐渐大了也能干些活了，就不让她去干这些活了，可我母亲还是闲不住，她不去农田里干活了，在家里一刻也不闲着，给我们做饭、洗衣，所有的家务活她全包揽了。你不要看穷人，日子过得穷可活不穷，

永远有干不完的活。常年整日忙个不停，到头来总是勉强糊口，不敢遇上个灾荒什么的，稍微遇上个水灾旱灾什么的，一到开春就必定要闹春荒，就要断顿。没有个钱的来路，有时连着好些日子咸盐也吃不上。差一顿两顿的可以找人家借点吃，可天天借怎么行，再说我们这里谁家也好不到哪里去。”

“我快 30 岁时才结的婚，找了一个寡妇，她带来了两个孩子，我们又生了三个孩子。日子本来就过得很紧，可打我结婚后就没有一天不为吃穿发愁，到现在也没有喘过气来。日子过得难啊，难得我叫天天不应，叫地地不灵。我没能让她过上一天好日子，到后来她也熬瞎了一双眼睛。什么也看不见了，我好像一下子失去了一条胳膊和一条腿。这个家又多了一个病人，少一份劳力。腿疼的老母亲也老了，起初里外都成了我的，那时我几乎就要垮了。还好，她很能干，过了不长时间她就在家能摸索着给我把家务干下来了，要不我可能也活不下来。全家人的饭，孩子、大人的衣服，她都能摸索着给我们洗洗，干净不干净先不说，她能洗洗

就不错了。农民嘛，没有汗味就能穿。我老母亲也拖着她病疼的腿帮她做些事情。尽管我老母亲到最后腿痛得不能动了，但也给我减轻了许多劳累。土地承包了，粮食开始收得多了，可孩子们都大了，饭量也大了，结果粮食还是年年不够吃，要不是国家每年照顾些救助粮，就要饿死人了。”

“唉！说这些，让你见笑了。”

我连忙对老人说：“见笑什么，您不说我们就不会知道您们日子过得这么苦啊。您多给我说说，我们外边人多了解些情况，我们也好一起想办法帮助你们啊！”

“后来三个女儿出嫁了，可我没能给两个儿子娶进一个儿媳妇来。惭愧啊，到了这代就要没后了。你看那两个，人没有什么毛病，就是老实，主要还是家里穷啊，没有人愿嫁过来。一晃他们都四五十岁了，再也没有什么指望了。

“毛主席让我们穷人翻了身，邓小平让我们有了地种，可我们自己怎么就是翻不过这穷命啊？”

说完后，老人苦笑了几声就沉默了。

陡峭的山，从脚下一直延伸出视线外，这里的贫困也好似这陡峭的山一样还在延伸着。

村寨里的年轻人都相继离开了这里，整个寨子寂静得让人感到有些恐惧。

老人起身说：“我去给咱们弄吃的。”我拦住了老人没让去做。后来我没有再向寨子深处走去，我告别了他，向下一站沿河县方向走去。

# 3月12日

## 农民，不止是民工一条路才是出路

山路崎岖，一会儿山麓，一会儿山腰，一会儿山巅，就这样上上下下缠缠绕绕，不一会儿我就大汗淋漓，气喘吁吁了。

尽快逃离偏远贫穷的丘陵山区的念头促使着我拼命踩蹬自行车。可这脚下的路是那么崎岖、陡峭、漫长。这让我的情绪开始有些焦躁，同时也伴着难言的无奈。当我进入到一个狭长的山谷时，这一念头更加强烈。我奋力踩踏着自行车，好让自己行进的速度加快些。可越是这样，老天好像故意在与我过不去，满天的大雾把整个峡谷、山峰以及眼前的路笼罩得严严实实。雾大到我几乎看不见自己扶自行车车把的手，两耳只听见落在草上的雾水沙沙作响。我看不清这个峡谷有多长，心中的焦虑就像眼前这弥漫的大雾越来越浓。

这条偏僻的县级公路很少见到机动车辆，峡谷在大雾的笼罩下更加寂静、阴森。我的上衣早已湿透，依然奋力踩踏。由于雾幛太大，没几分钟我就上气不接下气。我想尽快逃出去的念头在这个现实困境中只能是徒劳。

我试着让自己的情绪稳定下来，停下来休息片刻。就在此时，我听到一声闷声闷气的叫声。四周什么也看不见，这可把我吓得又冒了一身冷汗。我硬着头皮，瞪大眼睛仔细向左右看。这时叫声比先前大了些，我循声望去，原来在路边的一小块地里有一个人影在晃动，但由于雾太大看不清楚。这时他又叫了我一声说："歇会儿，我在这里，歇会儿喝点水再走，我这里有水。骑单车在我们这里可是很稀奇哟。你是骑单车旅游的吧？”这个突然出现在峡谷大雾中的人，把我心中的那种焦虑给缓解了下来。我赶紧向他说：“老乡，您在做什么？您是当地人吗？”“我在挖地，我就是这个山后寨子里的人，要挖点土种苞谷。你去哪里？歇会儿再走吧。”听了老乡的话，我把自行车支了起来。他也从坡地上走了过来，手里提着一个大大的玻璃敞口儿瓶。我这才看清是一个五六十岁的人，个头不高，人很黑瘦，但看上去精神还是比较好。

在这个人烟稀少的大山峡谷之中看见一个人还比较亲切，我也向他走了过去。他赶忙挥手示意不要我过去，加快步伐向我走来，到我跟前他先给我递来他的水杯。我回身取出自己车篮里的水杯对他说了声：“谢谢，我自己有水。”

我们就在路边席地而坐。他先开口问我是做什么的。我没有回答从衣兜里取出了一张名片递给了他。他很仔细地正反看了好一会儿，才抬起头有些好奇地打量着我，好一会儿没有说话。我看着他，他看着我。我先打破僵局：“老乡，你不相信我做这件事？”这时他好像是猛地醒过

来似的，嘴里一边回应一边摇着头……

他又举起我的名片看了一遍，这才开口说话：“我真的有点儿不敢相信，现在谁还会骑单车到农村来帮农民。我们这里好多村寨都是山路你都骑不了。一个人都很难走，骑单车就更不用说了，这简直就是像见了神仙。今天雾大，是不是天上下来神仙了？我们去城里打工求着人家，人家都不好好对我们。你从上海骑单车到我们这么贫穷偏远的地方来帮我农民搞什么发展？现在好像没有这样的人了。就是我们这里的干部来没车坐都不情愿，不说你这么大老远的人。你一个人从上海来做这些事？我真的不敢想象，也不太敢相信，因为现在社会上骗子太多，是真假难辨。”

我接着对他说：“其实你是了解的不多，像我们这样一直在关心农村、农民发展的学者专家以及社会各界人士是非常多的，只是他们各自都有各自的工作，他们是通过其他方式来关心着你们。我只是选择了这样的方式而已，直接到农村来考察你们的实际情况，再依据实际帮你们做些可行的分析与帮扶。这样就可以最大限度减少农民走弯路，本来农民就没有多少本钱，万一搞错了就很难缓过劲儿来。农民真的很不容易，所以我才创办这家‘帮扶社’”。

“我们农民是很难啊，可爹娘把我们生成农民了，我们就只有拼命来改变啊。我出出进进在外边也干了好些年，到处吃苦受累受难，这些都不说了。我们天生就是一个吃苦受累的命。可我就是受不了你吃了苦，受了累他们还不拿你当人看。心里的苦啊憋闷啊无处诉说，比受累要难受得多。你说我们农民没脑子也好啊，可我们什么都明白，我们只是没有那个条件多读点儿书，少的只是文化啊。最近几年给我们又起了新名字，叫什么民工。我一听心里就恼火，农民就农民，工人就工人，可偏要叫个什么民工。让我看，叫我们民工要比叫农民更要下看我们。”

“我自 2000 年就再没有出去了，我不想去了。干着最苦的活，吃着最差的饭，你们以为我们民工愿意吃那些让人不忍去思量的饭菜啊？不是的！我们也想吃得有模有样，睡得平平展展。可是老板太黑心，他们就是把我们农民工当傻子。为了挣血汗钱我们也只能装傻子。我年龄也大了，思来想去，农村再不好也能有个顺气儿饭吃，不管吃好吃赖，我在自己家吃，不受那些被人瞧不起的白眼儿了。”

“回来后把地用点儿心种好也能活。好歹是在自己的家呀。这几年我也慢慢明白了一个道理，这个道理就是：做什么都不能做农民，做了农民就千万不要再去做民工。民工挣钱难，要钱比挣钱更难。这也没什么，这要不上就算没有干过这个活儿，认了。到了另一个地方总不会全是这样吧？可最让人受伤害的是，人家总是瞧不起你，坐个公共汽车都遭人家白眼儿，就是去医院看个病人家也对你不耐烦。记得有一次工地上一个老乡被上边掉下来东西砸伤了头，我们打那个急救电话，人家来看是个工地就没停开走了。后来没办法我们叫出租车送医院去，到了医院人家还不收。想起这些事啊，我就很难过。”

我一直听他说，他好像对我要做的事情已经忘记了，只一个劲儿地说他过去的经历与挫折。我很想打断他的话，就在此时他好像看出我的意图了，就赶紧把话题转了回来，“你既然是帮我们农民来了，那你帮我看看我现在做的能不能比出去打工要好点儿？你看啊，我现在种有四亩烤烟，还种有苞谷和红薯，一年养五六头猪。虽然累点儿，可一年下来我还是能收入一万多到两万块钱。这要比外出打工强多了，吃在家里，住在家里，我自己管自己。也不用担心干了活要不到钱。你说是好还是不好啊？我就对我的娃娃说，能考上大学你们就考，考不上就在农村，我们不去当民工。在农村只要我们肯干肯动脑子，还是能过上好日子。”

听他这么一说，我上午的郁闷和焦虑一扫而空，也随着轻松了起来。我特别肯定他的做法，因为在外面打工 10 多年的经历极大丰富了他的思想，并且使他拥有了丰富的社会经验和在农村发展的成熟计划。之后，我只是补充了一点：“不管在农村做什么，技术要时刻多学习，如种烤烟、养猪等，有了好的技术就能干得更好，发展得更有保障并且稳定性更好。”

“你说对了，从外边回来时，我就买了些书和光盘。我有空就看、就学习、就琢磨，按照那些方法我们家的猪确实长得快又好。”

我看了下时间，问他这里离沿河县还有多远。他大喊着从地上站了起来：“什么？你要骑着这个单车到沿河县城去？那还远呢，全是山路，要走好多上坡路，这样太辛苦了。你走不到了，半路上你找不到住处，困在半路上那多危险啊？今晚就去我家住好了，算我们有缘，能认识你这么个远方的朋友我也很高兴。晚上我们再聊聊，你也去我们寨子看看，看看能帮我们发展些什么。”

我接受了这位村民的邀请，随他翻过了一个不低不高的山坡，到了他们寨子。这个寨子人口并不多，土地也很少，木制结构的房屋虽然很旧，但是远远看去非常美丽，村寨四周都是盛开的桃花、梨花、李花。一缕缕花香扑面而来，真有点世外桃源的感觉。

站在寨子外向寨子看去，我看到一股活力与生机从寨子冉冉升起，一下子明白了这位农民说的“做什么都不能做民工”的力量与底气。在这里也能生活得很好，也能走出一条富裕之路来。只要把自己的聪明才智用在家乡发展上，我相信在这里一定会生活得更好更幸福！我由此得出一个道理：农民，不止是民工一条路才是出路。

# 3月13日

## 你是毛主席的干部？

清晨，缕缕薄雾从山寨脚下徐徐升起，就像少女舞动的白纱在山寨飘动，太阳从云海浮出后，这舞动的白纱缓缓收起。暖暖的阳光照在寨子每一个角落。雪白的李花和桃花竞相盛放，使整个寨子好似掩藏在花海之中，淡淡的花香沁人心脾。

村民看到寨子里来了一位陌生客人，个个很是好奇地打望着，一些妇女开口问主人："屋头来客人了？哪里的，怎么从来没有见过啊？"有些男村民就直接问我从哪里来。

由于这个寨子很小，只有几十口人家。谁家有什么亲朋好友基本上是家家都知道。所以今天早晨看见我这个陌生的面孔他们有些好奇了。

男主人站在场院里有些自豪地对人们说："这是我们家来的贵客，他可远了，是从上海来的。我们想请他也可能是请不到，这是我们的缘分啊！昨天，我在下湾公路边上挖地时遇见的。"

寨子里的村民听后，纷纷热情地叫我和主人去他们家吃早饭。主人笑呵呵地回答："屋头已经弄好了，我们给他弄点儿豆花吃。在他们那里一定吃不上我们用石磨磨的豆花。"

在这里是早饭午饭一起吃，主人今早给我特地磨了豆花，做了许多菜（腊肉、腊香肠等）。他上坡上的木屋旁把正在往田里背粪的老父亲和母亲叫下来和我们一起吃饭。两个老人穿着虽很朴素，但精神都很好，老大爷一见到我也是笑呵呵的，还走上前与我握手。我准备扶老人们坐下，

他们却笑着说：“不用管我们，我们随便。”然后忙不迭地举手示意让我坐。

老大爷很健谈，我说的话他有许多听不懂，在他儿子的“翻译”下与我交谈。老大爷对我说：“我普通话说不来的，你能不能听懂我们贵州话？”我告诉老大爷，我能听得懂四川、重庆、贵州、云南汉族说的话，你就用你们的话说，我能听得懂。

老大爷听了儿子的转述笑了，笑得那么开心爽朗。之后，他就打开了话匣子。

“我的儿子上来叫我们来吃饭，他已经对我说过你了，说家里来了个远道上的客。说你是专门来帮我们农民发家致富的，我听了很高兴。你是毛主席的干部？你能从那么远来到我们农村帮我们，我们很感激。你能不能在我们这儿住些日子？教教我们技术，让娃儿们学习学习。我们现在的生活好了，不缺吃的，不缺穿的，就是缺钱花。想办法多挣上点儿钱，我们的日子就更好过了！听我儿子说，你不是吃公家饭的，是你私人来帮我们，那你也要花好多钱哟！你在我们这里吃住不要愁，我们不要钱，只要你能帮我们搞起来，我们不怕这么一点吃的。你自己花钱来帮我们农民，我们农民真是很感激你！你能到我们这么远的农村就已经相当不错了。你做得好，做得对。现在我们农民就是太缺像你这样的人了。我是干了40多年的村干部了，现在老了不干了，可我还一直在想着怎么能把我们寨子搞好，让全寨子人能富起来。

“土地承包了就很少见干部来了，就是搞计划生育的，以前经常来，现在年轻人在屋头的不多了，也来的少了。我们这里路不好走，如果路好一点我们这里还是个好地方。你看，山虽然是石头山，可它有树，空气多好，不冷不热。尽管土地少点儿，一口人就是几分水田，雨水顺了就能有米吃。土多点儿，我们想着怎么搞些好的果树来种。总之粮食是不缺吃了。钱嘛，要慢慢来。我这个儿子现在搞点儿果树，养点儿猪还能卖到点钱。人就是累点儿，可一家人在一起啊。我看啊，国家说的新农村建设就是这样。新农村建设就是要把自己的村子建设好，把自己的地利用好。不要种了别人家的地，荒了自家的田啊，外出打工虽能挣到现钱，也很苦，到最后也落不下几个钱，年年打工，年年没钱啊。挣得多花得也多啊！把我们农村再建设建设还是很好啊。人都挤到那个大城市连个吃水都紧张。

“你做这件事，很了不起！帮帮我们农民从根上帮起，从我们实际帮起，教会我们怎么做，要比给点儿救济粮、救济物要好多了。你就帮我们把这个果树搞起来，我看就可以了，什么都要一点点儿发展嘛。只要肯下工夫，我们再有你们的帮助就会发展起来，寨子里的年轻人以后也不用到处去找工打。打工也挣不到多少钱，来回一跑就没有了。每年还要挤火车，把人都搞疲惫了，拖垮了。”

老大爷正说在兴头儿上，饭做好了，儿子催促着我们快吃饭。

早饭过后，我和主人一起去寨子里了解全寨种植、养殖、土地等状况。这个寨子一直就有种植李子、桃子、梨子的传统，只是不懂得管理技术而有种无收，或者收到极少量的品质很差的水果，还有就是品种单一。

陪我的村民在 2001 年买回来几十颗柑桔栽种，但不懂得修剪，施肥和管理。果树长得自然成形，每年春季开花很多，但落花、落果非常多，当到收获时就没有多少像样的果实了。我就现场指导他做了一些修剪，然后告诉他每年都要在采摘后进行一次整枝修剪，只有这样才能形成一个好的树形，才能有一个良好的通风、光照效果，这样果的品质才会好，产量也会高。我又把果树施肥的时间与施用的粪肥一一告诉了他。

这时已经有许多村民纷纷围拢了过来，我就对他们讲了养猪、沼气、粪渣、果树，这是一个燃料、粪肥有机循环利用的立体体系，不但可以减少树木砍伐，也可以用上清洁燃料，果树施肥也不再生害虫。

其实，这个寨子离县级公路不到 10 公里路，只是处在一个半山腰上，唯一一条走出寨子的路就是沿着山势由祖辈们在石头上开凿出的小道。由这条小道盘行两个多小时走到山底就可以到光洁的公路上。

这个山寨被三面高山岩壁环抱，但陡峭的山峰上的原始树木却是郁郁葱葱，非常茂盛。山寨的春色是那样静谧却不失迷人。

我真的很想在这个山寨多住些日子，可是我深知不能这样。一旦我住了下来，帮扶的行动也随之停住脚步。只有我加快步伐才能为需要帮助的农民做得更多。

# 3月13日深夜

## 蔚然的“智力银行”
### ——无需还本付息的智力偿帮扶

夜已经很深了，可我还是没有一丝睡意。尽管浑身酸痛，可我的脑海中一直在思考着帮扶社帮助工作的进展问题。最让我焦急的是那一个个期盼帮助的农民的眼神，他们是那么真挚与清纯。生活的艰辛把他们折磨得比实际年龄看上去要大得多，连小孩子也显得成熟与沧桑。由此，我思考着如何才能让帮扶社取得又好又快的发展。

就在此时，2006 年获得诺贝尔和平奖的尤努斯教授的形象浮现在我的脑海。他创办了乡村银行，为乡村穷困中的妇女给予信贷。正是这一小额信贷，让众多穷困的家庭和妇女脱贫，从而逐步发展成为一项伟大的帮扶工程，同时它也成为人类解决贫困问题的一项伟大的事业。

而我在创立帮扶社时（2004 年），还不知道世界上有这么一位伟大的先行者。我创立这个帮扶社的主旨也是为农村贫困家庭提供帮扶，帮助他们取得良好发展。只是帮扶社的侧重点不在经济援助或者物质上的帮扶，而是以智力上的帮扶为主，辅助以物质（经济）解困。智力的帮助是授人以渔，而物质上的帮助只能解决一时之困，却不能消除贫困的根本。

思索到这，我忽然有一个念头：帮扶社不就如尤努斯教授的乡村银行吗？那我的这个帮扶社就叫“智力银行”吧。

帮扶社，这一“智力银行”也如同尤努斯教授的乡村银行一样。我们也不是坐在办公室里接受“业务”，而是深入到农村，到农户中去，认真考察农村、农户的实际处境和贫困成因，再依据实际考察做出完善可行的方案，依据这个方案我们给予最为贴近、可行、实效、迅捷的一对一帮扶。

为了帮扶做得更为深入，我决定了开展帮扶“万村行”。我走进农村，走近农民，与农民同吃同住，与农民心贴心地了解他们的想法与生活、经济现状，等等。

在帮扶“万村行”中我所发现不论是贫困农户还是村庄（村寨），大多都需要可行、有效又符合实际的发展（规划）帮扶，这个规划既是目标又是方向。只有这样，他们才能走出一条比较健康的发展之路，村集体的发展更是促进农户走向共同富裕的一个比较好的方向，同时它也是抵御市场风险的一个有力主体。

可在我“万村行”中所走到的村庄，往往就是这个主体（行政村、自然村组），缺乏一个明确的发展方向和好的带头人（领导者、管理经营

者)。他们大多都还是停留在行政事务之中，把村集体的经济发展置于脑后甚至是不懂得如何发展。此外，他们不知道往什么项目上发展。这里的项目千万不要理解为工业项目，或某一个单一的项目。广大农村地区不能村村冒烟，户户工厂啊。一是不可能所有农村都具有工业化的条件，二是农业产业也不可能全部工业化。尽管有许多农业设施已经是工厂化，也为许多地方取得了良好的经济效益，但是我国的地域辽阔，农业产业分布广阔，也不可能把所有的农作物全部工厂化生产。

此外，我在帮扶“万村行”中已经走进了许多村庄、村寨，但在我与村民、村干部的接触中逐步得出一个结论：建设新农村，要依据当地实际状况，依据农户实际状况，根据农户的发展意愿给予他们支持、帮扶与引导，从而使他们走上一条循序渐进的良好发展之路，这才是最为可行的。

不论是一村一品，还是十村八村一品，都要从他们的实际条件和所处环境以及他们的实际生活现状出发，然后依照农户和村集体的发展意愿来确立发展方向(项目)。千万不能从上往下以行政命令指挥农民发展，这是因为指挥式发展会在无意识中再次剥夺了农民的主动权和自我选择发展权。需要发展的主体失去了主动权，他们的积极性和主动性就会大打折扣，甚至得到的结果会与愿望背道而驰。

由此，帮扶社——智力银行，才能与国家的宏观政策更为有机地结合起来，再依靠自身深入农村，深入农户开展无偿帮扶工作的优势，为更多的需要帮助的乡村、农户给予及时有效的帮扶。同时，希望更多的仁人志士加入进来，让我们大家共同来帮助农民兄弟姐妹。

我深信，在大家的共同努力下，一定能够创造出没有贫困的农村。

想到这里，我心头豁然开朗，同时又强迫自己赶紧睡觉，因为明天还要继续我帮扶“万村行”的下一个村寨。

# 3月14日深夜

## 农村服刑者的孩子该由谁来抚养？

撕心裂肺的哭嚎声好像都要把这个偏僻山寨的漆黑夜空给撕裂。哭嚎声一声高过一声，时不时还伴有微弱的哀求声。可是这个夜晚太漆黑，真的可以说是只闻其声不见其影。它听上去是一个细弱女孩子凄厉的声音。

这是我进入沿河县的第三天，遇到这件事情时已经是晚上八点多了。

晚饭后我与接待我的这家村民商量，先走访几家生活和经济比较困难的农户。当我和带我走访的村民走出他家屋内时，听到了这让人揪心的哭嚎声、哀求声。我们虽然听不清哀求的话语，但是感到她的哀求并没有让打她的人停住手。她的哭嚎声一声高过一声。

我赶紧问带领我的村民。他只是轻轻地“嗯”了一声，随之也叹了口气，再也没有说什么。他在前边给我打着手电筒引路，我依然高一脚低一脚地紧紧跟随在他后边走。碰巧，我们要去的村民家正好要路过打孩子的这一家。借着手电光我看到了一个有10岁左右、非常瘦弱的小女孩，站在场院坝子上蜷缩着身子，抱着头在那里浑身哆嗦着不停地哭。她的旁边站着一个中年妇女，手里紧握一根不粗不细的棍子，正朝着女孩后背上、屁股上、腿肚子上猛烈地击打着。看到这样的情景，我刚要开口制止，带领我的村民一把捂住了我的嘴，连忙对我说:“你不要说，我来说说吧，她会骂你的。”说着，他就抬高了声对着坎下边那位中年妇女说 :“嫂子，不要再打了，她毕竟还是个孩子嘛，哪做的不好让她慢慢学嘛。总这样打也不是个事啊！好了，别再打了。你不看天都这么黑了，赶快让孩子进屋子去吧。你消消气就可以了。”

当我们走过这户农家很远了，陪我的村民才对我说，“这个孩子非常可怜，她还有个比她小两岁的弟弟，也是经常被打得鬼哭狼嚎哟。没有办法，挨打就挨打吧。他们能有口饭吃就已经不错了。总比没有个活命要强吧！要不他俩就是想有挨打的份也不会有了，早就饿死了。人常说，好死不如赖活啊。她姐弟俩现在也就是赖活着呗，这总比没命强吧？他们再大点儿了，能出去打工或者自己能种地了，能料理自己的生活了，也许就不用再受这可怜的罪了。唉，这都是她爸妈作的孽，才让孩子平白无故跟着受这份罪啊。”

听这他这么一说，我感到很是纳闷，为什么他会这么说？“难道这个妇女就那么不爱她的孩子，就那么狠毒啊？对自己的孩子就这样下毒手？”我忍不住又问。

“说来话长啊，本不想说这些事，今晚被你碰上了。那个挨打的女娃不是我那个嫂子的娃娃，是她小叔子的。那女娃的爸妈在几年前就把她姐弟俩扔下来。他们没有地方去,只有我的那个嫂子给收留了。没办法，她们日子也过得很难，自己也有两个娃娃，都上中学了。我们这里只要上中学就要住校，没钱就念不起书。可是现在孩子不念书就更没出路啊，这你要比我懂得多。她的孩子每个月就要回来拿一次钱交伙食费。她家也没有个什么收入，男人外边打工也挣不回来个钱，就把她给夹中间两头受难。再加上他小叔子这两个娃娃，无形中给她家增加了好大的负担。可她家不管，这两个娃娃也就再没人管了，毕竟他们是亲兄弟啊。”

我赶紧又问：“这两个孩子的父母干吗去了？病故了还是怎么了？”

“难说啊,说出来就感觉丢人。这两个娃娃的父母在深圳参与了抢劫，把人给杀死了，他们都判刑坐牢了。你说这两个娃娃总不能扔大街上去吧？毕竟这是他们伯伯家呀。”

听到这里我略微知道缘由了。但是我心里还是想不通。

“我这个嫂子（本村同姓，不是直系亲属）本来人品也不怎么好，又没文化。其实这两个娃娃很早就帮她干活了，不论是农活还是家务活都干，我看见的，有时要比我们大人干得多，干得好。今晚是女娃赶牛回去晚了，她就生气说女娃在外边耍。其实牛有时会跑很远，往回赶牛有时需要好长时间。还有就是这几天开学娃娃们交学费，都要花钱，钱一紧张她心情就不好，找个茬儿就打这两个娃娃。谁让她们父母不争气去抢人啊，把孩子留下在这里受大罪。其实，每次听到那两个娃娃惨叫我们也很心疼。娃娃小，他们没有错，可是他们为了有口活命的饭吃，也只能受着了。我们外人也没有办法。蔚老师，我倒想问问你，一家两个大人都进了监狱，国家是不是可以管管这些小娃娃啊？若国家管了，这两个娃娃就不会受这么多罪，吃这么多苦了。现在他们还小，没有办法反抗。她这样总是拿他们出气打骂,他们长大也很难说不回头报复啊？这可就是一个恶性循环了。”

我猛然间被他的话给惊呆了。是啊，像这样的家庭，夫妻同时犯罪，他们的孩子该由谁来承担他们的抚养、教育和监护呢？

# 3月14日

## 政策越来越好，日子咋越过越难？

在沿河县官舟镇住了一个晚上，我得以片刻的休整。长时间处在强体力消耗和精神高度集中状态下（心情长久地处在沉重之中而有些压抑），使得我身心极度疲惫。今天走到这个镇上，我找了一家旅社住了下来。我想暂时给自己一个身心喘息的机会，否则快要支撑不住了。在村寨与村民同吃同住，我整日睁眼闭眼就是看到他们那乞求的眼神与极为窘迫生活境况。我也变得与他们一样哀声叹气了……

第二天一早，我在老乡的指点下，沿着一条新修的公路向北而上进入村子。走出官舟镇不远就开始上坡，大约爬了两个多小时的路程后我遇见一位热心的大姐，她主动向我打招呼并问我去什么地方。我告诉她自己是到这里考察农村、农民的发展状况，考察的目的是想做些帮助工作。大姐听我这么说二话没多说立刻让我去她家吃午饭。在这样的偏远山区，农民个个纯朴、真诚，这位大姐也是如此地信任我。我又看了这位大姐一眼，她那真诚的神情再一次打消了我所有顾虑。原计划今天的午饭是在路上吃自备的食物，这一次意外让我很是感动。刚好这位大姐家也与我走的是同一个方向，我们就边走边聊了起来。

大姐推着一个脚踏三轮车，上边放着一些学生用品和几种小零食。我问大姐："这些东西是从镇上进来的？"大姐只是笑了笑没有回答。走了一会儿她开口说："现在农民日子最不好过了，地里出产不出钱来，出外也挣不到多少钱。现在这钱是越来越不好挣，可花钱是越来越厉害，农民不敢得病，娃娃不敢上学，尤其上大学。谁家摊上这两样事情，不

乙肝 从娃娃抓起
方接种必须保证
人一针一管" 安全注射

要命也得半死。你看像我们这里，一切是靠天吃饭，不让娃娃去读书能有个什么出路，还得让他们上学。小学、初中大多数家庭还能凑合着过去，可到了高中和考上大学就要命。农民挣个钱又没有个固定的，今天能挣得到，明天就说不定挣到拿不到。东西也越来越贵，什么都涨价就是人在掉价。应该说现在国家政策是越来越对农民好了，只要有钱要什么有什么，可这日子咋过得是越来越难了？”

我也很难回答她的这个大问题，只能转移话题：“大姐您几个孩子？应该都大了吧？”

“嗯，是大了。可现在正是花钱的时候，我刚说的意思就是他们现在花钱太厉害。要说我两个孩子都比较懂事，学习也很好，他们也不乱花钱。两个现在都上大学，我们都快要供不起了。他们爸爸还算有个固定工作，就这样也都非常紧张。他们爸爸就在你刚才路过看到的路边那个小学教书，都教了快 30 年了。要说我们家在我们这个村还算生活条件好的，在去年干旱后，村里有许多人吃的粮食都不够。”

说着说着，我们就走到这位大姐的家，她家的房子建在这条县级公路的边上，出入都比较方便，再加之最近这条路又铺设了柏油路面，就更是便捷了。

到了大姐家，她赶忙进另一屋子拿出一瓶矿泉水让我喝。她让我坐下休息，自己做午饭去了。不一会儿她就做好了四菜一汤，这时她的丈夫回家吃午饭来了。我向这位老师简要做了下自我介绍后，他上前一下子紧紧握住我的手：“蔚先生啊，你好！你好！一直在电视里看到有您这样的好人，但是我从没有想过今天能在我家见到，这简直好像是在做梦。这真是一件让我意想不到的事情。太难得了，太难得了！”

“今天能在我们这里遇见您是我们的荣幸。我一定要和你喝杯酒。你那么大老远骑单车到我们贵州这么偏僻的地方来，不说做什么帮扶农民了，就是你这种精神都非常可贵了。这里的农民穷啊，没有个好的出路。现在年轻人都打工去了，家里就剩下些老的、少的、病的、残的。可出去的还是日子不好过啊，每年回来一趟，有的甚至几年也不回来，还有个别的一出去就没有了音讯。您说我们这里农民怎么个过活啊？出去了也给不了家里几个钱。家里老人得个病就没办法了，东挪西借也吃不起个药。我们这里您看，全是这样的石头山石头地，连点土都薄得可怜，老天一变脸不是干死就把地皮都刮（洪水冲走）走。您看能发展个什么？没个发展前途和出路啊。”

“我爱人是村里的医生，我最清楚不过了。村民一年都要赊欠好多钱，有几年的赊欠都记不清了。我们一咬牙也就把那些太陈旧的欠账给烧了，留着有什么用？不用去问，都是本村人谁家什么情况都知道得一清二楚。你向他们要什么？那也只能说，要命一条，要钱没有。这可不是他们耍赖，是实在没有办法啊。我们就只有认了，反正我还有个工作啊，多少也有个固定的工资啊！现在搞起了合作医疗，还是这样啊，就算有报销了，可不报销的那部分他们还是没有钱给你啊。自我们这个小诊所加入合作医疗服务站后，贴进去的更多了。另外，我们一直想着把这个医疗站搞得像样点儿，可是就是没有个余钱搞。农村难啊！蔚先生，您若能帮我们向社会呼吁呼吁，或许帮我们解决几个货架也可以，我们把药陈设起来。那个货架原先我们一直想自己做，可我们这里没有木材，买又买不起。虽说只用几千块钱，但是我们没有一点儿余钱。除了勉强供孩子上学，剩下的就是她进药，可是病看了药卖完了，钱也没有了。收不回来啊。”

听到这，我也感觉很无奈。但是我对国家对医疗的投入不是很了解，不敢说什么。我只是把他们的想法和要求如实地记录下来，向社会各界呼吁，看有没有能资助他们，搞几个药品陈设架把药品摆起来。

午饭后，这位老师带着我走访了一些生活比较艰难的农户。之后又去了他们新盖的小学，但当我走进教室看到的一个情景让吃了一惊，怎么新修的教室没有窗框和玻璃，而是用塑料布堵在窗户上？这位老师对我讲，在交付后还没使用时窗户上的铝合金窗框和玻璃都被人偷走了。冬天孩子太冷，他们只好找来些农膜用竹棍这么撑起来挡风御寒。

# 3月15日

## 童言无忌，折射出一个普遍的社会问题

14日中午在青山村那位大姐家吃过午饭后，我就骑车向下一个村继续前行了。我走了大约七八公里，一个小男孩儿骑着自行车迎面而来，我正要给他避让路时他却在我面前停了下来，我赶紧来了个急刹车，看着面前这个小男孩儿。由于迎面是上坡，小男孩儿又是奋力踩踏自行车，当他停在我面前时脸涨得通红，大口大口喘着粗气，一双眼睛却紧盯着我，嘴里好像要说什么，只是气还没有喘过来，一时说不出话来。

等他稍稍缓过气来的时候，我问他怎么没有上学。他没有回答我的问话，反而问起我来："叔叔，你过来的路上见没见到一个比我小一两岁的男娃？他是我弟弟，前天他拿着家里的几百块钱离家出走了，昨天我就请假出来找他了，找了两天还没有找到，昨天我往上找没找到，今天我往下找（他是指路的方向）。我哥哥在中学住校，我没有敢告诉他，怕他一着急影响了今年考高中，只有自己出来找弟弟了。"

我走的这条路是一条县级公路，通往沿河县北边几个偏僻、边远的乡镇，因此行人、车辆非常稀少。我从早晨走上这条路见到的行人就寥寥无几，小孩子就更是没有见到过。当我把这个情况告诉眼前这个稚气未脱的小男孩时，他的泪水都快要出来了。我急忙问他："你家大人怎么没有出来找啊？小男孩低下头好像在沉思又好像是难过，过了一会他才抬起头说："我爸爸妈妈都去浙江打工，他们去年才回来过一次，今年都没有回家过年。我和弟弟住在亲戚家上学，哥哥住在学校一个礼拜才回

家一次。是我带着弟弟一起上学，弟弟他以前很听话的，不知道今年怎么一下子就变得不听话了，他今年才 12 岁，就总说要打工去。我给他说过好多次年龄小不能打工，可他就是支支吾吾地不肯正面回答我，谁知道他真的会离家出走。”

“我也没有敢告诉爸爸妈妈，怕他们知道了着急。叔叔你说我该怎么办啊？爸爸妈妈离家那么远，弟弟又那么小，我都不知道该上哪里去找了，再说我也没有钱坐车，只有骑车在附近村寨找他了。”

“都怪我爸爸妈妈过年不回来，寄点钱就算教育我们了啊？钱不能教育我们！我知道他们挣钱是为了我们上学，可是他们教育不上我们啊，钱挣得再多也是等于零。你说是不是啊，叔叔？”

当我听到他说“爸爸妈妈教育不上我们，钱挣得再多也等于零”这句话时，感到很是震惊。我问他：“爸爸妈妈虽然不能教育你们，可他们挣钱是让你们到学校受更好的教育啊。他们挣了钱怎么能等于零呢？没有他们辛辛苦苦挣钱，你们哪来的钱去上学啊？”还没有等我说完，他就急着说：“在学校老师除了教书上的外，其他什么也不怎么教我们，在学校里学的都是为了考试，再没有别的用。你说我们要不要爸爸妈妈的教育啊？爸爸妈妈可以教育我们将来怎么做事啊，怎么当好人啊！你看我弟弟就是没有他们的教育才不学好，才离家出走的啊！我们学不好，他们挣钱给我们乱花了不就是个零了嘛。”

我觉得这个小男孩很是懂事，说的话也很有道理，这不正是教育专家们说的学校教育和家庭教育缺一不可吗？

我劝小男孩不要再往前找了，还是回去给父母打个电话，因为他也才 14 岁，走的太远了万一再出点什么事就更麻烦了。他听了我的话掉转车头往回走，我也骑上车一起向他家的方向走去。

我们边走边继续说话，这里的路不是上坡就是下坡，三个多小时过去了，我要去的乡镇还没到，小男孩也没到他借住的亲戚家，我们都有些疲惫了，就停下来准备歇一会儿再继续走。我感到有些渴，就从背包里取出两个橙子，给了他一个，当我吃到一半时他就已经吃完了。看到这一情形，我忽然想到这个孩子可能还没有吃中午饭，就问了一句：“孩子，你吃午饭了吗？”他用微弱的声音说：“早饭午饭都没吃，我没有钱吃饭。不过我不饿，我很耐饿的。”我赶紧拿出一包饼干让他吃，他却盯着饼干咽着唾沫说：“不饿，不饿……”我只好打开饼干包装袋假装着自己也要吃的样子，取出一块放进嘴里，之后递给他示意他也吃点，他这才接了过去，狼吞虎咽地吃了起来。我忙让他慢点吃，不着急，天还早呢。不到10分钟他就吃完了那包饼干，我看着眼前这个可怜又懂事的孩子，一股怜惜之情从心头升起。还没等我开口说话，小男孩倒是先对我说：“叔叔，你真好！不是你给我吃的我就说你好，你给我讲的这些道理我们小孩儿都能听明白，一点都不难懂也不深奥，我特别爱听。你今晚就去我们家住吧，晚上和我爷爷一起睡。明天你工作完了晚上还住我们家吧。我还想听你讲道理，等我找回弟弟你也给他多讲讲，行吗，叔叔？”

我们又走了一个多小时到了小男孩借住的亲戚家所在村寨。我们在

路边上刚好碰见了他家亲戚，看见他就问弟弟找到没有。这时候天也黑了下来，我让他不要再随我走了，他只好跟我道别，回了亲戚家。

和小男孩告别后，在赶去乡政府所在地的路上，我一直在想，偏远

山区的农村留守儿童已经不是少数，他们的成长、学习与全面教育存在很多的问题。回想这个孩子说的一些话，真是童言无忌，但他所说的话折射出的已经不是个别家庭的问题，而是农村一个比较普遍存在的问题。

一，学校教育只重视书本知识和考试成绩，以分数论成败，“德智体”全面发展只成为许多学校的一个口号。

二，农村外出务工的父母，无奈地变成挣钱的工具，他们无暇顾及子女的情感培养和家庭教育，使得未成年的孩子失去了父爱、母爱，失去了正确的成长方向的引导。

三，无论专家学者还是地方政府，甚至农民自己都只看重劳务输出、外出务工创造的经济利益，却忽视了“又好又快发展”最根本的道理，换句话说就是以经济发展牺牲了亲情、教育的人文环境。当我们牺牲了对孩子的亲情培养与家庭教育之后，再回过头来重新认识和用金钱弥补，所要付出的代价可就不是经济数字所能衡量的，用亡羊补牢的方式补救与修复是无法挽回的。因此，外出务工的父母对子女的教育问题、与子女的亲情培养问题，已经不是一个单纯的家庭问题了，而是一个比较严重的社会问题。

四，也有部分父母由于长期远离子女，渐渐地淡忘了对家庭、对子女所肩负的责任和义务，这也是一个不小的问题。

# 3月16日上午

## 37块钱与10岁的放牛娃

一个年仅10岁的孩子，在这个时间本应该坐在课堂，然而在我眼前的这个孩子的脸庞上却布满了愁容。他的一双小手不停地在茶树枝头上移动着，示范着在教一旁的弟弟学采摘茶叶。

这是今日清早我离开塘坝乡，向着后坪乡方向北上时在路边山坡上看到的一幕情景。

这里的村寨相距都比较远，我翻过了一道山，下到谷底，然后又上到半山坡时，才看到一个村寨。原本我没有打算在该村寨停留，可当我顺着弯道穿过寨子时，远远就听见村上小学里的朗朗读书声。在这么一个偏远的山区，能听到这么悦耳的读书声我备感安慰。

推着自行车走在这崎岖的山路上本是很吃力，当听到这朗朗的读书声我顿觉浑身轻松，力气陡增，行走的步伐也轻盈许多，不觉地就走出两公里多。原来还在我头顶上边的山寨不觉地就转到了我的脚下。也就在我心中暗自庆幸时，眼前出现了两个小孩子在放牛、采茶。

我找到一小片较为平坦的空地支起车，上前与两个孩子说话。起初他们有些胆怯不敢与我说话，我就蹲在田坎边上，耐心地问他们怎么没有上学。

小弟弟倒是先开口了:“我才六岁，还不到上学年龄。我哥哥上去了，学校不要他。”在一边不停地采茶的哥哥听到弟弟说“学校不要他”的话后，急切地反驳说 :“谁说是学校不要我？是我没钱交学费。”

听到哥哥埋怨弟弟的话后，我在心里暗地思量，难道这里没有执行国家减免学杂费的政策？我转问这个哥哥："学费要交多少？"这时他毫不迟疑地说："37 块钱。"

37 块钱，只是 37 块钱啊，就使一个孩子上不起学，读不起书，而变成了一个放牛娃！

我问他兄弟俩："你家就没有这么一点儿钱吗？你爸爸妈妈就没有这点钱吗？"

"没有，我妈妈一直生病，买药都没钱。我爸爸挣不到钱，在家里干活（种地），没有挣钱。"

"你们摘这个茶叶能卖钱吗（在田头地边有几个棵零散的茶树，要不是两个孩子告诉我，我还不知道他们在摘茶叶）？"

"能卖钱，过两天晒干了就可以卖钱，有人来寨子里收。"

"你们采的这个茶叶能卖多少钱？"

"能卖十几块钱，卖了要给我妈妈买药。"

"那你就不再上学了？"

"想上，我没钱交书本钱。"

"那你爸爸不管你们上学啊？学校老师没有来找你吗？"

"去年老师来我家叫我去上学了，学校给我免了钱。我爸爸没有说过，反正他也没有钱。"

我提出去他家看看，小兄弟俩没有说让我去，也没有说不让我去，两个孩子只是直勾勾看着我，一声也不吭。

从他们的眼睛里我看出他们不是很情愿，也许是对我这个陌生人的一种提防，也许是他们在放牛、采茶不能耽误。我问他们的名字叫什么，他们也不告诉我。我取出 50 块钱向他们递过去，可兄弟俩看我给他们钱扭头就往坡下跑，牛也不管了，还边跑边说："不要你的钱。"

我感到很是纳闷，为什么这两个孩子这么警惕呢？给他们钱他们都不要。正在这时，坡下上来了四五个村民，我赶忙问他们认不认识那两个跑下坡的孩子。其中有一个老实巴交的中年村民闷声闷气说："那是我的娃儿，你有啥子事？"

无意间见到了这两个孩子的父亲让我有些欣慰。我把刚才和孩子的对话告诉了他，可他听完我的话后什么反应都没有，直接和其他四个村民向坡上走。我彻底放弃去他家的念头，与他们一道继续上坡。五个村民中有位大姐打圆场地问我："老师，你是做什么？他家可穷了，没一个钱的来路，他也挣不来钱。你给他们 50 块钱也管不了什么用。我们去赶场（赶集），你去什么地方啊？"

"大姐，我去石界，那里离这儿还有多远？"

"石界啊，那里还远呢，估计下午四五点钟你才能走到吧。你就骑单车去啊？那可吃力了，那里一直是上坡多哟！"

说着，她凑到我的耳边说了句："那个男的脑子有些不好。"

# 3月16日晚

## 构建和谐社会，要向边贫山区的农民学习

行至石界(原石界乡,乡镇合并后现成为一个办事处),这里冷冷清清,一条窄小弯曲的街道上没有几家店铺,我没有把它看成是乡镇(原乡政府)所在地，而继续向坡上走去。

大约走了一公里，我脚下新铺设的柏油路走到了终点，眼前的道路一下子变得高低不平，坑洼泥泞。我意识到走错了路，急忙向路边正在盖房子的村民打听。听我要到石界，他们很耐心地用不很标准的普通话对我说："前面就是重庆的地界了，你走过了，刚才路过时你看到路左边的那个小街道，就是石界。"

我只好调转车头走进先前看到的那条小街道。这时已经是下午四点多了，我已经饥肠辘辘，但街上没有看到一家餐馆或者小吃店。我只好走到一个小卖铺的窗口前，仔细看了一遍屋内的货架，几乎没有能够填饱肚子的食品。就在我感到有些失望时，店主人问我要买点什么，我示意吃的，他从一个不起眼的角落里取出一个塑料包递给我。这是一包叫不上名的小饼，但我也只好买了下来以此充饥。

就在我付完钱时，店主人看我是个外地人就主动问我，我也就把到石界来的目的告诉了他。这位中年男子听了我的自我介绍后，很是热情地把我让进屋坐下。他给我倒了一杯茶水后对我说："你坐会儿，喝点水歇着，我出去一下就回来。"说完他就转身出去了。

店主人匆忙地走了。我心里思量，这位这么匆忙就把我一个陌生人

留在小卖铺里，莫非又是一个怀疑我的人？他请我进屋里喝茶是一个缓兵之计？以此把我稳住去叫派出所的警察了？想到此，我在心里放声大笑，然后踏实地端起茶杯，跷起二郎腿，品起他沏给我的茶。我心想，看他能搞出个什么花样来！

大约过了四五分钟，他带着一位中年妇女一起回来了。他向我介绍说："这是我老婆。"中年妇女也和他一样很是热情地向我打招呼。他对自己妻子说："赶快弄点儿菜，我来用电饭锅蒸点米饭，这个老师还没有吃午饭呢。"

听他这么一说，别提我有多惭愧了。我在心里暗自骂自己，怎么能有这样的小人之心啊？怎么能用小人之心去猜疑信任你的人呢？真是不应该啊！

同时我告诫自己，任何人对我的帮扶有怀疑态度，我都要以坦荡、平和的心态来面对，不能去埋怨不信任、不接受我帮扶的人，尤其是农民。因为现在社会上形形色色的骗子与骗术，的确是层出不穷。在农村，农民被骗时有发生，农民有了警惕与怀疑也合情合理，我一定要耐心、诚挚地面对他们，与他们真诚地沟通和交流。

此时，我感觉自己的脸都有些涨红了。加之我刚才喝茶、吃了小饼也不觉得饿了，所以就让他们不要做饭了。但男主人已经把米饭蒸到锅里了，他走过来又给我添了杯茶水，让我坐着休息会儿，不要着急，等吃过饭后再去村子里也不迟，随后他也坐了下来与我说起话来："老师，您做的这个事是一个善举啊，应该受到人人的尊重与支持。我们农民是非常欢迎的，你今天走到我门上了，我让你吃顿饭有什么嘛。你说要到村子里去，我给你说一个村子，你一定要去。那个村子里有个小学校长是我的哥哥，他和你有很多相同之处，你去了他会带你考察到那里农民的真实生活和农民家里所有的情况，吃了饭后你再去那个村子完小找他，他是人大代表，叫刘恩和。"

我问那个村子叫什么名字，离这里有多远。又是位小学校长，这一路上我已经受到两位小学校长的帮助了。此时，我很急切地想见到这位刘校长，随即起身向他们道别。他一再留我吃完饭再走，可我一点都不觉得饿了。他见我坚决要走，只好给我指了去的方向，并嘱咐我到了那里如果找不到他哥哥，就找一个姓汪的副校长，他们一定会接待你的。我要离开他们时，他还站在门口说："没有吃点饭再走，其实你在我这里住一晚上，明早再去也可以啊！你和我哥哥一样，为农民的事情是从来不耽搁时间，对自己都很苛刻。那你路上慢点儿，刚下过雨，山路太滑。"

他们夫妻俩站在小店门口，满脸遗憾的神情，嘴里不停地说："走这样的路骑单车多辛苦啊，连点饭也没吃……"

我走出有半里路远了，拐弯时看见他们还站在原地目送着我，我挥手告别，他们也向我挥着手。

此刻，一股暖流涌上心头。我在想，尽管这里的人们生活还较为贫困，经济也欠发达，但是他们待人的真情实意依然很浓，浓得让人心动，浓得让人动情！他们虽然没有很高的文化，可他们热情待人的真诚让我们在大都市的一些自以为是高素质的人感到汗颜。我们在与人交往中彼此都设起一道厚厚的防线，甚至不敢轻易信任任何一个人。当然，这是一些人只为争年而丢失诚信所致。

在全社会呼唤诚信、全面构建和谐社会时，我们是否要向生活在这偏远山区里的乡村居民学习些什么？

# 3月22日

## “挣”学费上大学只为能教他们

题记：一个还不到18岁农村女孩，为积攒大学学费，用无尽的汗水，在贫瘠的土地上不分白天和黑夜而辛勤劳作着，同时还不耽误给自己关爱的学生上课。2007年她考取了贵州师范大学，8月底，她把自己用汗水与辛劳种植出来的烤烟卖掉，于9月如愿走进大学校园。

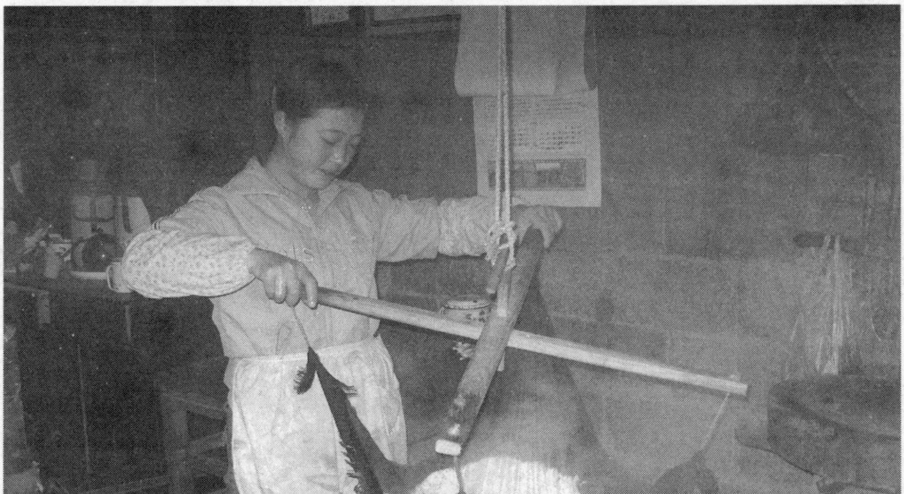

在我见到田老师时，她还不满18周岁。她又是沿河县后坪乡茨坝完小的一名实习的代课老师，可在这个不大不小的村寨已经是家喻户晓。

她不愧为感动中国十大人物刘恩和老师的好学生。刘恩和老师的事迹在她很小时就深深地感染着她。她从小就立志要做一名像刘恩和老师一样的好老师。可是由于家里没有稳定的经济来源，妈妈患病失去了劳动能力。在这样的情况下，家里哪里有钱支撑她上大学？初中毕业考高中时她只好选择了读职高，就这样她考取了一个幼教职高。

她做了实习代课老师后发现职高所学的知识远远不能满足教学需要，可一想到家里的实际情况，她知道上大学只能是个梦想。第二天站在讲台上,她又清醒而坚定地意识到,不上大学就不可能永远站在这个讲台上。自此，她就在心里暗下决心不给父母添负担，要自己给自己“挣”学费。

这天我在田老师的邀请下到她家吃晚饭。吃过晚饭后，天已经很黑，在这个大山里，走山路高一脚低一脚磕磕绊绊非常艰难。田老师的父母对带我了解村民家庭生活状况的汪校长说：“就让蔚老师在我们家歇吧，我家条件不好，但住一晚上还是可以吧。”这夜我就住在了田老师家。

晚上我与田老师的爸爸聊了好长时间。从谈话中，我知道了这位看上去已有50多岁的爸爸其实才40多岁。贫困的生活和为家庭的操劳使得农民过早地苍老，这位很有头脑的父亲，从十多岁就求索、探寻、拼搏，到如今还是未能摆脱窘困的束缚。说着说着，他仰头长长叹了口气对我说：“蔚先生啊，我们农民不是都像一些人说的那样——农民没有头脑，没有文化，就是愚笨和无知。我们农民是缺乏国家支持啊！我们想发展一些项目，可就是手中没有本钱，眼睁睁地只能看着机会一个个流失，眼睁睁看着‘穷’把我们的手脚绑住。要是国家能直接给我们农民一些支持，让我们也像那些大公司能贷上款，我们农民根本就不会像今天这样穷。农民不笨啊，蔚先生。农民不完全都是无知的人和笨蛋啊！农民中有很多很多有头脑的聪明人！可是我们农民没有那个资格和机会，我们农民再怎么努力也不能抗争过孤立无援的劣势啊！”

“我在年轻时，有好长时间心里苦得就像喝着黄连水，比黄连还苦啊！你是不能体会我们那种苦的心情。穷，就像一个大铁笼子，就像一个金箍罩，我们只能眼巴巴地被罩着被囚禁着。在这个大山里真是哭天天不应，叫地地不灵啊！”

“就这样，我学过许多手艺，什么石匠、铁匠、木匠，现在电焊我也会弄。就依靠这点儿手艺，把孩子还算给拉扯大了。你已经看见我们这个地方了，种地是绝对养活不了老婆孩子和家人的。可是我供不起大学生啊，田老师的学习成绩非常好，可我们没有办法让她去读大学。说什么助学贷款，可没有人告诉农民一个很准确的信息。我们哪里敢把孩子送去，要是送去了孩子吃住都不保，我们怎么办啊。”

我接过说：“你不要为此难过，一个人成才的道路有很多。国家现在对农业、农村的政策支持力度也逐渐加大，慢慢会好起来的。田老师现在已经在完小做代课老师，她可以通过自学考试，考取大学本科。”

“蔚先生啊，她哪里能教得长久啊？就是真正大学毕业的都找不到工作，在我们这里进学校教书，那是很难很难的。她现在只是职高毕业前的实习。真毕业了，她也就失业了，学校里一个高中生怎么能进得去。就是大学毕业了，还要考上老师才可以当老师。此外还有许多说不清的，我们一个山区农民，没有任何关系，哪里能办得到啊？”

“好了，不说这些了。今天能遇到你，我感到非常高兴，我这辈子做梦都不敢想，在我们这样偏僻的大山里，怎么会有一个不计报酬、还是自费来帮助我们农民找出路的好人。第一天我们孩子从学校回来对我说，我根本就不相信。现在人都为自己发财、升官，哪会有这样好心肠的人？放着自己的好日子不过，跑这么远的路还骑单车走。可后来这几天里你和刘校长、汪校长一起不怕苦，跑着考察我们村的情况，还到处了解那些特别穷的人家，我才略微有一些相信，但我还是半信半疑。所以今晚我叫孩子请你到我家吃饭，一是我想再了解了解你，二是再和你交谈交谈，看你对我们农民懂得有多少，是不是真心来帮我们农民。

“今晚和你交谈后，我真正信任了你。你就和我们刘校长是一样的大公无私的人。那句话怎说来着？是‘人以群分，物以类聚’啊！你怎么就能走到我们这个村寨里来？我们这个村上有刘校长这样的好人，本来就是凤毛麟角，没有想到你也能到我们这里来哦。起初我还以为你从电视里知道了我们刘校长感动中国的事，后来孩子说你根本就不知道，真是应了那句话。”

“我真相信那句话了,好人总是能和好人走到一起。你们相距那么远，一个在最发达的城市上海，一个在最穷最偏远的贵州大山里，可你们就是给走到一起了（笑了）！”

我们一直说到深夜，第二天醒来时已是临近八点。我刚走出屋外，田老师身背一个一米多高、四五十厘米宽的黑色椭圆状木桶走了回来，她豆大的汗珠不停地滚落着。看见她背那么大一个木桶，我很是吃惊。一个十几岁的女孩，怎么能背得起那么重一桶水啊？我问她时，她微微一笑说 :“这算什么，水是很轻了。我六点多起来先把水缸背满（已经背了四桶)，这一天我就不用担心没有水吃了，妈妈腿疼不能干重活，爸爸很早起来就给村里人家做木匠活去了。蔚老师，你稍微坐一会儿，我就给咱们做早饭吃。”

后来我才知道，田老师为了给自己“挣”学费，每天天不亮就起来干家务。到了九点去学校给学生上课，下午放学后她送走学生就匆匆回家往山上田间背粪肥，把粪肥背到地里后又从山上背回秸秆做烧饭的燃料。

在这个大山之中，农民种地的粪肥都是用木桶背到田间的，我所见到都是壮年男人们背的多，很少见过妇女背。在上一个村我就已经看到过，并试着去背过一次，可我不但没有背起来，还差点把粪水灌进脖子。可田老师，还只是一个不到 18 岁的小姑娘，为了给自己“挣”学费——种烤烟卖钱，来为自己积攒上大学的学费。

看到这个场面后，我想到在城里像她这么大的孩子，还是父母的娇娇女，甚至连自己的衣服还要父母为她洗。可是田老师却背负起超过她体力所能承受的重担，给自己“挣”学费！我看到后真的很是心疼，也很无奈。同样还是孩子，农村的孩子为什么就要承受如此的重担？他们的童年、少年就在这样艰苦的生活中度过。

我问田老师，“你怎能背动这么重的粪桶啊？苦了你了！”她依然是微微一笑说 :“这没有什么，只要能给父母减轻一些负担，再累我也不怕。我们农村人，没有那么娇贵。再说我自己给自己挣学费，我觉得高兴。”

这就是我第一天在茨坝村完小前见到的那位和蔼可亲，又细心呵护她的学生的田老师。那天我到茨坝村正赶上下午学生放学回家，一个三年级小女孩在回家的山路上不慎摔伤，几个男老师赶去把她抱回学校一个小小诊所紧急治疗。那时小女孩可能是磕伤脑神经部分，浑身颤抖不能说话。田老师从一位男老师的怀中抱过小女孩，心疼地把学生搂在怀里，一边安慰一边按照医生的嘱咐给小女孩轻轻地揉抚头部肿块。当我看到这一切，还以为她是小女孩的姐姐。医生给小女孩打过针，吃过药之后慢慢恢复了知觉，她叫了一声田老师、我这才知道眼前这个小女孩是老师，第二天我才知道她只是一个实习的代课老师。

# 3月23日

## 他未能感动妻子，却感动了中国

清晨吃过早饭，我们又开始了另一项重要的考察。刘恩和老师与村长在前边带路，我们沿着崎岖的田埂向一个陡峭的山崖边走去。到了悬崖边上，就要从这里下到谷底一个溶洞里去。刘恩和老师一再嘱咐我，“蔚老师，你一定要慢，不要着急，一脚一脚千万要看好了，踩稳了。我们

是在这山里长大的走习惯了，你可不一样，千万要小心注意安全。”我们一行三人在峭壁上摸索着，紧抓藤蔓、灌木枝条艰难地向悬崖底下行进。这次是去考察一条流经溶洞的暗河，看是否可以把这条暗河水引到村寨，以此彻底解决村里的人畜饮水问题，还可以部分用于农业灌溉。

这是我到了沿河县后坪乡茨坝村一周以来，不知第几次刘恩和老师带我考察茨坝村。他一心想着帮村民寻找出一条脱贫致富出路，从不放过每一个细小的、哪怕是近乎不可能的机会。除了亲自带我认真考察之外，他还特别安排了他最得力的助手，也是茨坝完小副校长汪永江老师，带我深入到许多村民家庭了解村民的贫困原因，了解村民的实际生活状况。

连日来，我与刘恩和老师艰难地“爬行”在这个喀斯特地貌的大山深处的村寨，我们几乎走遍了村寨的每一个角角落落。刘恩和老师其实已经不年轻了，也是60多岁的人了。在考察等待开发的特大溶洞时，他依然是一马当先，走在最前边为我保驾护航，为我照明引路。当我们考察结束走出洞外后，白天已经变成黑夜。一同去的村民都已经是又饥又渴，筋疲力尽。可他却疾步走在我们前边，叫开一家村民的小卖铺为我们买好矿泉水和饼干等着我们的到来……

在考察从峭壁上修建一条通向大山之外，与重庆市彭水县境内公路衔接的公路线路时，我看着深不见底儿的陡峭的悬崖，双腿都发软，走都不敢走，可他却为我在前边披荆斩棘（该村是沿河县北部最偏远的一个村寨，与重庆彭水县交界）。

茨坝村处在一个典型的喀斯特地貌的地形中央，四周环山，犹如一口大锅，这口锅好像底下烧着大火一般，村民就祖祖辈辈生活在这样一个干旱、缺水、土地贫瘠的石锅里。村民的生活与主要经济来源就是依靠种植苞谷和烤烟叶，可当遇到10多天不降雨，就会欠收或者绝收。

刘恩和老师把自己的汗水和心血全部倾注在这里了。尽管他个人力量是有限的，但是他却一点一滴地改变着这个山村。

在农村，尤其一些偏远的农村，人们更是重视家族姓氏，不论遇到好事还是坏事，村民都首先是维护本家族利益。可当我知道这个村寨80%以上的村民姓田，而刘老师只是这个村里的异姓人家时，我更加疑惑了。刘恩和本来工作很好，又有着自己稳定的收入，不管学校大小还是一校之长，自己的一双儿女也都成人，一个已大学毕业在城市工作，一个在读名牌大学，他退休后根本不用在这个村寨常住。其次是，他既不是村长又不是村支书，一个完全与本村没有任何关联的老师，他为何要把自己的心血与精力全部倾注给这个几乎没有出路的村寨？要说他带领老师、村民建校舍，这也可以理解，他是爱他的教育事业，可他“背来”一座漂亮学校后，并没有停下自己的脚步。

人们可能要问，一个小学校长怎能有时间与精力去管村寨里的这些事情？是的，当我刚走进这个偏僻的村寨时，我也有着同样的疑问。但当我走进茨坝完小，走进刘恩和老师的世界里，我才一点点儿地揭开了这个谜底，才明白他为什么会这样做，也才明白了他从哪里来的那么多时间管这些“闲事”。

刘恩和老师热爱他的教育事业，爱他的学生，爱他的乡村学校，这些爱都有着让常人难以想象的实事作证。他历时近半年，共行程 200 多公里从山外数十里外背来一筐筐砖、水泥以及所有建材，直到建起了一座大山深处最美的学校。如今这个小学都已经有了自己的多媒体教室，孩子几乎可以享受到与大山之外城里的孩子一样的良好的学习环境。

为了帮助困难家庭的孩子读书，他把自己的工资大部分用在了资助贫困家庭的孩子读书上，而对自己的家庭却无力顾及。从他两个孩子的姓名上就可以看出一二，一个孩子姓“春”，一个姓“夏”（原来是春天、夏天出生的就给他们起了这样的姓名），都不跟他姓。妻子更是因风湿性心脏病造成肌肉开始萎缩，浑身关节肿痛并逐渐变形。我在茨坝村的那几天里，看到她连走路都有些困难。她早已失去劳动能力，只有依靠在那个小山村出售点小商品来维持自己的生活，至于医药费更是无法保证（在那里每天营业额不到两三元，能赚多少钱大家一想便知）。

我得知刘恩和老师是“感动中国十大人物”很是感动，其实我除了感动，更多的是敬重他人格的高尚。当我与刘老师的妻子说起此事时，她极为平静，甚至还有些“不屑”。我在心中暗暗思忖，刘老师能得到全国人民的敬重，他的妻子更应该感到非常高兴与自豪啊？她怎么会有如此表情呢？

在后来的几天里与刘老师在一起考察中，我逐渐地明白了为什么他的妻子不以为然的原因。刘恩和校长为了大家而把自己的小家完全忘记到脑后了，这不是说他不爱自己的小家，而是他所做的一切为村民谋发展、找出路的事情完全是毫无报酬的公益行为。他做这些事情都是用他放学后和休息的假日时间。他把自己的生活都置于脑后。他为了不耽误时间，早晨出门后从不赶回家吃午饭。人家种地的农民，到了中午都会回家吃午饭还休息一会儿，可他就只在兜里装着三四两炒得半生不熟的花生，饿了就从口袋里掏出几粒充充饥。

刘老师为了让村民不再继续肩挑背扛地从数十公里外搬化肥，也为了让村民出售烟叶等农产品不再爬山涉水，他历时数月带领乡亲们开山劈石修通了一条可以开农用车通往山外的砂石公路。为了让村民能看到电视，照明能用上电，他又带头在岩石上凿洞竖杆架线。这些，在交通便利的平原也不是一个小工程，在这个无路可走的大石头山区，它的难度有多大是可想而知的。最后这些都在刘恩和老师的带领下实现了。为了不让修成的砂石路变成有路不能行的摆设，他又拿出自己的工资请养路工。曾经有一家上海的知名企业高薪聘请他，并提出帮他把家安到上海，他俨然谢绝。刘老师笑着对我说：“我一家人在上海的确会过上好日子，可我走了我的心永远留在这里。我那样的好日子过得还不如行尸走肉！我生在这个大山里，也就是为这大山的人们而生。我自己一人去外边过上好日子有什么意义，只有这里的人们全部过上好日子我才会开心。”

我离开茨坝村时，他与一位村民送我走出 10 多公里，还是依依不舍。他多么期待我能为这个贫困的山寨带来一些新的希望，他一再嘱咐我：“蔚老师，那个溶洞你已经看到了，它的开发价值我想你是明白的，你去过那么多地方，看到过那么多已经开发用作旅游的溶洞，它们有这么壮观吗？你已经说了，没有。所以，我期待着你能给我带来好消息。还有我期望能有一家水泵企业给我们赞助点儿设备让我们把那条暗河的水引上来，我们这里的村民会世代记住他们的……”

一路上我都在回想，忽然我想到革命老前辈的一句话，在这套用一下：刘恩和这个人是什么特殊材料做成的？自我到茨坝村第一次见到他，直到我离开后，始终没有听到他有一句说到过自家的事情，他做每一件事或者每说一句话，都是为那个村寨里的村民如何脱贫，如何发展。

后来我终于明白，为什么他能感动中国，因为他心中有着常人少有的大爱，他把这个大爱化作实实在在的行动，就从他的脚下从他的身边出发，点点滴滴地实现着人间大爱，他为和谐社会的建设而努力着！

我也明白了他为什么感动了中国却没有感动自己的妻子，这是因为他太无私了，在他的生命中忘记了一个“我”字。

# 07年8月25日夜

## 穷人就是穷命

半年之久我都无法将这篇日记输入电脑进行整理，它犹如一根鱼刺梗在喉头，上不来下不去。这根刺在我心头越刺越深，越刺越疼。直至2008年春节将至的今天，我不得不把这根“刺”从心头拔出，输入了电脑。除了我想过个较为轻松的春节，更重要的是想以此为他们祈福。

一个走路颤巍巍、摔断腿没有治愈的老人，他原本是这个家唯一有希望改变穷困状况的男人。

20块钱，要给小女孩办张身份证的工本费，就这点钱这一家人就是掘地三尺也找不出来。

坐在炕上抱着小外孙的女主人，见到我们几个陌生人不好意思地笑了，笑得是那么尴尬，那么酸楚。站在旁边的小女儿，在东挪西借、四处求助下勉强在今年完成初中学业，可她再也无法实现上高中、读大学、用知识改变家庭贫穷生活的愿望了。满含无助、忧伤与期盼的眼神，不时地从我们身上扫过。但她不敢把目光停留在我们的视线范围之内，多数是低着头站在我们对面，把双手紧紧攥在一起。

临近9月份，这里已经是深秋了。女孩就只穿一身单薄的衣服，我注意到她已经有些瑟瑟发抖的前兆，但她还是咬紧牙坚持着，她紧攥着双手几次试图紧抱双臂，可能怕有客人看到不好看吧，她只好双手摸摸胳膊又很快放了下来。看着小女孩这样，我心里有些不安与焦急，我们

不走，这个女孩也不愿上炕暖和暖和。可是没有了解这个家庭状况就匆忙走了也无法帮他们，我也只好咬咬牙硬了硬心肠。

刚进到这个农户家时，我看到坐在炕上的妇女怀抱一个孩子，我还以为是她所生。这让我很不理解，心想家里这么穷还要生那么多孩子，农村人啊，这种要命的观念不改变，穷困必将继续延长！当孩子哭闹时，妇女就用小勺给孩子喂一些浅黄色稀溜溜的东西，我看着很好奇就凑近去看，起初她还有些不好意思。我看过后还是没有认出是什么东西。我问了好几次她才很小声半挡着嘴说："没钱买奶粉，大女儿和女婿出去打工了，好长时间没有给寄回来奶粉了，家里麦面（小麦面粉）也没有了，这是玉米细面糊糊水，加了点白糖，甜一点，他饿了就给喂点儿吃。家里就一点值钱的麦子，老早就卖完了。娃娃可怜得很，不到饿得不行了他就不吃，没有办法。"

说到这里，这个外婆眼眶湿润，她低头把孩子紧搂在怀里，好一会儿没有抬起头看我们。老爷爷对着炕上的儿媳妇说了句："你给同志说这些做什么？让同志笑话。公家对我们已经很好了，窑塌了给我们出几千块钱了，要不是哪有这个房子住啊？我们就是个穷命么。"

老人停了停又接着说："刚能吃饱了儿子就出事了，从山上往下拉粮食（收割的庄稼）时把腿给绊折了（从山悬崖上摔下摔骨折了），没钱看（治疗）到现在都没好。我又老成这个样子，什么也干不成么。公家给的那些钱就修了这个房子，让娃娃们住（房子很小，老人还是没处住），我这么大岁数了又不怕死了，就睡在塌得剩下的那个窑洞子里。"

老爷爷说着眼睛里的泪花直打转转。老人已年近90，我怕他伤心过度伤及身体，为了转移他的注意力，就提出去老爷爷住的窑洞看看。老爷爷起身跌跌绊绊带我走出了房门，走过一个黝黑的夹道拐弯儿后，借着手电光看见一个低矮的土坯箍成的窑洞，老人忙指着那个小门洞说："就是这个塌剩下的窑洞子，怕下雨啊。像今年前半年旱，就没有事，还能凑合着睡个觉。可这天不下雨，山上的粮食就一口也没有收啊。窑洞子没塌，可没有收啥吃的（天旱粮食没有收成），你说说这老天爷就这么整人呢么。"

老爷爷又有些激动，我们问这窑洞有多少年了。老爷爷用拳头揉了

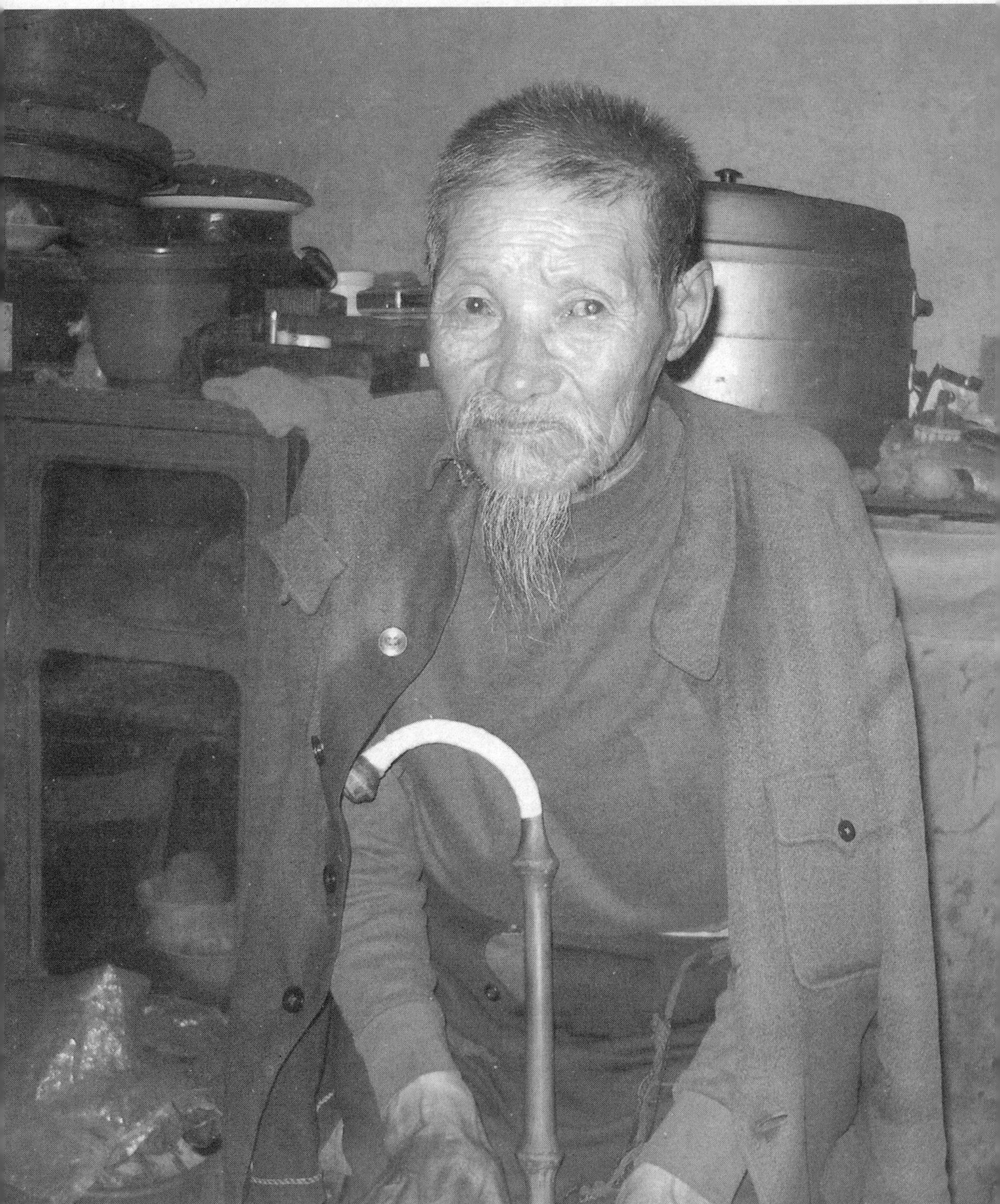

揉眼睛，接着用手中拄着的拐棍给我们指着已经渗水的地方说："几十年了，一直就攒不下个钱来盖个瓦房住。我们这里穷啊，穷人就是穷命，你也不敢有个钱，还没有见过几天好日子，吃上几天饱饭，事（烦心、麻烦的事情）就找你来了。这又把日子过着过着给倒回去了，要不是人家国家给那些钱，就这两间房也盖不起来。你们说说，人把日子过成这样还有什么意思吗？可不过你也不行啊，就这么凑合着过吧，反正我也活不了几年了，下世了就眼不见，心不烦，干净了，不去想它那么多了。"

小女孩儿站在爷爷的后面一直冷得哆嗦……

晚上 10 点多我们告别刘家时，老爷爷伤残的儿子出去干活还没有回到家，因为他腿疼痛，走路很慢。

在回去的路上，我们大家谁也没有说话，都沉默着。

可那位颤巍巍的老爷爷，冷得哆嗦的小女孩，连白面糊糊也吃不上的小婴儿，他们就像上演幻灯片一样不停地在我眼前循环交替着出现……

这是我在甘肃通渭县平襄镇曹家坡村的农民家中看到的情景。有了许多深入的了解后，所得出的结论就是一个字"穷"。

穷，把一家人桎梏着，这使他们永远走不出凄苦、悲凉的生活境地。这家的大女儿出嫁的彩礼，并没有给他家带来改善命运的希望。但大女儿与女婿却陷入了无穷的烂账（借钱出彩礼）之中，他们打工能不能挣到钱？能不能还上结婚的欠债？能挣多少钱还是个未知数，一个小生命的降生更是给他们本就困难的生活雪上加霜。

穷困，是许多没有任何资本、没有任何资源的农民最大的敌人，单依靠他们自己的力量要打败这一强大的敌人，是很难取得胜利的，因为在他们还没有投入战斗之前，穷困早已把他们的手脚牢牢捆死，要挣脱这一捆绑，没有任何"利器"的农民是何等的困难啊！

# 8月29日

## 需要帮助的人们，请不要把他人的爱心变成冰凉的心

清晨起床，北城铺中小学校长请我们吃过早饭后让两位年轻的老师骑着摩托车把我们送到张家村前湾社。那里是一位曾经在他们小学做过实习老师的师范毕业生的家所在地。摩托车在山路上艰难地爬行，发出灯枯油尽时那种好似求生的嘶鸣声。我们坐在车后的那种提心吊胆真是无法形容。生怕打滑、翻车、熄火……

还好，两位老师是本地人，他们非常熟悉在这样的山路上如何安全地骑好摩托车，我们的担心显得那么多余。他们很安全地把我们送达目的地。西北黄土高原上的农户，家家都是住在一个用黄土筑成的有三四米高的围墙院子里。当我们到了这户农家院子大门口时，发现大门紧锁。一时间不知道是走还是等主人回家，因为这时正是这里秋收大忙和准备播种冬小麦时节。正在我们犹豫不决时，一位满手泥土、面容憔悴，身体很是瘦弱的老妈妈满头大汗地走了过来。一位老师上前对她说明我们的来意后，刹那间老人脸上有一种不知是激动还是痛苦的表情，这让我有些不知所措。不知是老人热情还是急切，她双手在不停地颤抖，好几次连门锁都打不开。有位老师叫了一声："婶子，让我帮您开吧。"他从老人手中接过钥匙。

只见老人嘴唇在颤抖，没有说出一句话来。大门打开后，老人跌跌绊绊地只是举手示意招呼我们大家进院里边。进了院子后，老人压抑的情绪再也控制不住了，她的泪水唰唰地流了下来，哽咽着半天说不出话。

我们大家都有些不安，纷纷劝慰老人不要难过，有什么难处说出来大家想办法。有位老师对老人说："婶子，您别太难过，再难的事情都会过去的，也都会有办法解决的。这位蔚老师是远道从上海来我们这里帮助农民的，他今天来也就是想了解下您家的一些情况，看能不能给你家一些帮助。您不要太难过了，跟蔚老师说说家里的情况。"

这时老人才微微止住哭泣，依然哽咽着说："娃娃（老人的儿子）上学借了好几万块钱，可学校毕业两年多了，一直考老师考了两年了还是没有考上。没有办法，娃娃又借了人家两百块钱，今天早晨刚去了银川。娃娃是哭着走了，借的钱就够个车费，都不知道去了怎么过活！

"你说我们苦就苦了，一辈子都这么下来了，可是不知道这好几万块哪年才能还得上人家。娃娃都 26 岁（在西北农村已经进入比较难找对象的年纪了）了，连个对象也不敢瞅（找），就是瞅上了也娶不进来啊！好几万块彩礼，我们就是再苦个几十年也苦不出来！你说说，我们要穷到什么时候才是个头啊？

"不上学，没出路。这上了个学，还是没出路，反倒欠一沟子（屁股）

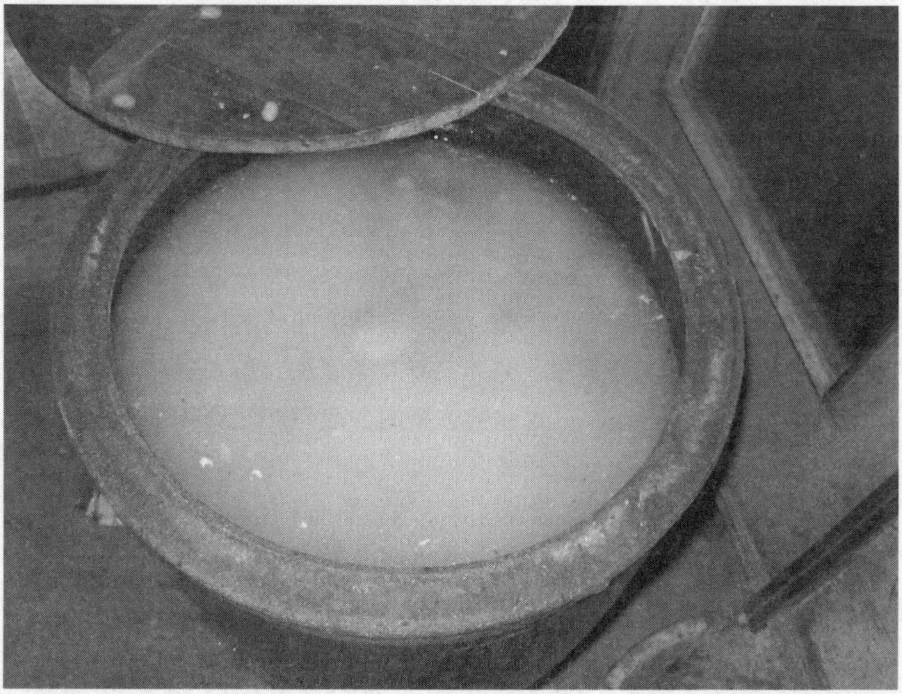

债。我和他大（父亲）年纪都这么大了，活又做不动了。可娃娃一个人一时半会儿也苦不出这么多钱哪！愁得我一夜一夜合不上眼，怎么才能给人家还得上这些钱啊？”

说到这里老人又哽咽了起来，这时她已经是没有了眼泪了，只是伤心地抽搐着，手也在颤抖着。看着老人那么悲恸，我很难过。抬头往院外看看，眼前是一片枯黄色没有生机的山梁。看着眼前干瘦而又憔悴的老人，一股浓浓的凄凉一下子严严实实笼罩了我的心头。我环视了一眼屋内，空荡荡的屋子里摆放着一台与这个屋子极不协调的电视机，显得那么突兀。这也许就是这个家庭里最值钱的东西了。我不知道说什么好了。

了解了这个家庭的境况后，我们一行又走向另外一个村子，西凡村赵上社。这户村民家所遇到的问题和张家村前湾社那家有相同之处，但是这家更难，难的是这家男主人因进煤矿挖煤被砸断了腰脊椎，已经完全失去了劳动能力，每天只能在自家院子里爬着“走路”。

进到院子后，我们一眼就看到一位60岁左右的村民正从屋檐下边爬着准备进屋。听到我们的说话声，他回过头来看到我们几个陌生人进到院子，有些茫然不知所措。他支撑着一只手臂吃力地扭转身子看着我们。两位老师一起上去对这位残疾村民说：“叔叔，我们是娟娟的同学，北城小学的老师，来看看你家情况。有位上海来的老师是我们老乡邀请来我这里考察农民生活情况的，有可能帮助上你们。”

“好啊！上海来的？那么远啊！是国家派来的吧？你看我这个样子不能招待你们，连一口喝的水都不能给你们倒！进房里坐，房里坐。”这位已经失去行走能力的男主人说。

说完，他爬在房檐下的台阶上，用一只手向屋内指着。我们走上前想扶他进到屋内，可他摆了摆手很无奈地垂下了头。我们只好先进到屋内。他完全是用四肢在行走，吃力地爬进屋内。我们劝他到炕上，他上到炕上后一直沉默不语，我也不好多问。过了好一会儿，他从衣兜里取出一个烟锅，装上烟用火柴点燃猛吸了好一会儿，他把烟锅放在一边开口说：“我对帮不帮的不抱什么希望，砸伤腰起不来这样都已经好几年了，我能指望谁去？这都是自己造得孽，就是孩子太苦了。贷款念书把孩子害苦了，一个女孩子念出来连个工作也找不上，我们又没有个门路关系的，想走远一点还没有路费，我想的最多的是给怎么还上那个贷款？女娃他妈一人在地里干活，还要操心还这个钱。我们一个农民上哪里去搞几万块来？在煤矿时，我挖煤虽然是拿命去挣钱，但那也是个收入啊。现在好了，我挖煤没有挣到几个钱差点把人命搭上了，活着和死了有什么区别？农民，谁还会给一个什么补助？想都不想。这个老师来了，现在唯一的事，就是看能不能帮女娃找份稳定点的工作，把那个钱给还上。我是连自己都顾缠不住，只有给娃娃们添麻烦。农民，不信命信谁？我只有信命了。”

离开赵上社，我们到了黄土梁上的最高处，这是当年红军长征走过的地方。站在红军走过的地方一股悲凉猛然涌上心头。那位母亲的哭泣，那位父亲的“爬行”与认命，在我的脑海不停地出现，我急忙扭转头面对西北风，不想让与我同行的老师与朋友们看见我眼中的泪水。

走时我给两家都留下了联系方式，我已经想好怎么样帮助他们。只有帮这两家孩子找到一份比较稳定的工作，才能逐步摆脱这个现状。就在我进县城后，赵上社的那位伤残村民家女娃给我打来了电话。我约好她们进城来，我把已经联系好工作的事情对她们详细地介绍了。当时她们一共来了四个同学，女孩们听了后非常高兴，答应让我继续为她们落实。我把所有事项都一一落实好并告诉了她们。就在这时，该企业管理人事的朱女士也站在为几个孩子节省费用的角度考虑，让我告诉他们在老家做好体检，西北费用比较少。10多天后我离开了通渭县，他们就再也没有和我联系。那家企业答应给我介绍去的女娃们留出了工作岗位，可当我再与这些女娃们联系时，却怎么也联系不上了。后来，我还与北城铺小学校长联系，也没有下文。这几个孩子就这样没有音讯了。只有那个我未曾见面去了银川的男青年给我一条短信说：“不去了！”

帮扶是需要爱心与诚心，可接受帮助的人更要讲诚信，要信任帮助他们的人，否则就会伤害热心帮助他们的人。由此也会给热心社会公益，乐于助人者造成不敢伸出援手，不敢去付出爱心的尴尬局面。

# 8月26日

## 老农，为什么你们只能栖身于土洞、窝棚、陋室？

题记：在城市，为中低收入者建设经济适用房，可在农村还有那么一些农民也需要如同城市的“经济适用”房，不能让他们苦了一辈子后，还没有一个栖身之地。杜甫在《茅屋为秋风所破歌》里写道：“安得广厦千万间，大庇天下寒士俱欢颜，风雨不动安如山”，希望在农村也能实现。

这是我到甘肃通渭县的第二天，这里是西北甘肃省的最贫困的地区之一。通渭是黄土高原上的黄土高坡。在央视，有一则公益广告里有个可爱的卡通小孩说的一句话：“把自已存钱罐的钱捐给西部小朋友的妈妈，让他妈妈给他修个水窖……”这则广告里所指的干旱缺水的西部就是这里。

我在通渭县自来水公司的一位朋友带领下走进了北城乡北城铺村，在走访一些急需要帮扶的农户家庭状况时，有一户村民并没有列入我们要帮扶走访的对象中，可当我们路过此户村民家门口时无意间看到一个情景，止住了我们的步脚。

看到眼前的一幕，我和同行的朋友除了惊讶更是不敢相信这是真的。然而，这一幕的确毋庸置疑。我用镜头定格下了这一幕。

一个看上去约有五十多的男子（后来知道他才四十多岁），正在对着大门口的一间屋子里划着火柴点灯呢。我很是不解地问与我们一道的村民：“不是村村都通电了吗？怎么还有点煤油灯的人家呀？”村民很是斩钉截铁地说:“对，是村村通电了，可是他家点不起电，那还不点油灯啊？那油灯的煤油也可能是别人送的。”

“什么？还有连电都用不起的人家啊？”

我们大家一同走进了这户村民家中。原来他是一个精神有些异常的人，妻子嫌弃他没有本事而弃他与子女另投他处了，他在悲愤与绝望中精神失常了。空荡荡的屋内唯一的东西就是一个大土炕，炕上只有一半铺有黝黑的竹席（这可不是我们夏天那种竹凉席，而是农民自己用旧了的竹扫把的竹子划成竹片编制成的)。此时天气已经转冷，早晚人们都穿上厚衣服，晚上都需盖上棉被了，可这个炕上只有一条不能再薄的垫子和一条不能再薄的被子、三个脏兮兮的布包，也就是枕头吧。在炕沿上放着他刚点着的煤油灯。同行的村民对我们介绍说：“这个炕上是他们父子三人一起睡。”

从那个屋子走出，我们又进到厨房，在厨房看到的情形我再也不能用语言形容了，只有长长地叹了一口气。

同行的村民接着告诉我们：“这还算有个屋子住已经很不错了。既然来了，就再去看看他们老人吃住的地方吧。原本没有想带你们到这家，因为他们都有特殊情况，年轻的疯疯癫癫，种地都是胡乱种，粮食根本就不够吃。就这样吃没吃的，穿没穿的，盖没盖的。还有两个十多岁的孩子，他们整天就在庄上转着挨家要饭。老汉（患病村民的父亲）又年岁大了，你们帮这一家是没法帮的，这个要国家来解决。”

随着同行的村民走出院子绕过一个弯道，来到坡上一层梯田里，在梯田紧靠小道边上，平整出一小块有二三十平米的场院，就在依着梯田的田埂上有一个低矮的小“窑洞”，我们走近那口“窑洞”。真是不看不知道，一看，没有吓一跳，而是要让我们四人几乎不敢相信自己的眼睛。这哪里是人住的地方啊？这哪里是窑洞啊？ 70 多岁的老人一人在里边，站，不能直起腰，躺，不能伸直腿。面前一个铸铁火炉烧着捡回来的柴火，这就是做饭的主要灶具，照明也是一盏还未点燃的煤油灯。老人看到我们好几个陌生人，一言不发，只是在他的“土炕”上不停地抠着手指，低头不语。

我勉强侧着身挤进那个“窑洞”，坐在了老人的身边问老人：“大叔，

一人这样生活苦不苦啊？”老人慢慢地抬起头看了我一眼，他看我的眼神就像个小孩似的，是那般真纯又似乎是那般无奈。它好像把什么都回答了我。老人望着我许久，才挪了下身子对我说：“坐，不好意思，没有地方让你们坐。”

我与老人就肩并着肩坐着，我问老人：“您在这里怎么吃饭啊？有吃的粮食吗？您这件西服是您买的吗？”老人还有些不好意思地对我说：“额（我的发音）自己做着吃么，什么够吃不够吃，胡乱吃点不饿肚子就行。额们（我们）老农民还讲究个什么，凑活活着就行了。衣裳啊？这是人家穿过旧的，送给额（我）的，能穿就行，冻不着就很好了。唉！额们老农民么，还要穿个啥呢（什么呢）？”

说完老人面有苦涩地看了我一眼，又低头抠起手指头来。

“大叔，这么小一点儿窑洞您怎么住啊？您粮食什么的都放哪里啊？”

“我都快入土的人了，要那么大有什么用。也没有什么家当，能有个避风挡雨的地方就行了。粮食也没有个多的，没有人稀罕我那点儿粮食，就在背后窑洞里。过什么日子，鼓捣着过一天算一天。老农民么，好不好的能怎么样？有个天明有个天黑也就是这个日子了。”

说完，老人划亮了火柴，也点起了他的油灯。在灯光下，我看老人满脸茫然的样子，生活的艰辛已经把老人折磨得只有活一天算一天的心。

天已快黑了，走出老人住的“窑洞”，我们谁也再没有说话。看到老人这样无奈的生活场景，大家还能再说些什么呢？

无独有偶，也就在随后不久我到了山东曹县王集镇张店村。一位年近70的无儿无女老人，因雨天被雨浸泡塌了唯一一间土坯房，无处栖身，只好在自己的承包田里搭起了一个窝棚。

还有，今年春节期间我到了贵州松桃县正大乡边墙村，所见到的一户村民的“住房”，同样无法用语言来形容。

我们大家天天都在关注城市的房屋价上涨跌落时，可我们不知道在农村还有栖身于土洞、窝棚、草棚之中的贫苦农民。他们不求宽敞与舒适，只求能有个栖身立命之地。我们关注身强力壮的青年外出务工农民，但是我们也要注意一下已经失去劳动能力、没有经济来源、没有能力再为自己建起一房半舍的这些农村里的老人们。

# 8月30日

## 凭啥农民就得开肠破肚？

在黄家渠村冯湾社，当我走进这户村民院里时，院子里的一位老奶奶和儿媳都不约而同用一种警惕的眼光打量着我，当他们看见有位老人他们认识，才略微放松了一下紧绷的神经，但对我的那份警惕还是存在于她们的眼神中。年轻一点儿的妇女低声问和我一道去的贺大爷："他是哪来的？做什么的呀？"贺大爷毕竟是本地人，也比较熟知她们最警惕与害怕的是什么人，他故意对她说："是乡里来的，搞计划生育的新干部，找不到你们家叫我带他来了。"这句话完全是贺大爷和他们开的一个玩笑，可那位年轻妇女听后脸色刷一下白了，身子也有些僵硬，站在那里一动也不动了。老奶奶刚才和善的眼神也有些转变。她们刚从地里干活回来，老奶奶刚要把从地里捡回来的几颗野蒜头放在一个破碗里，听到贺大爷说的话，她那刚张着要说话的嘴也合不上了，手中端着的碗也不由自主地放下了。

看到此情此景我也有些不知所措，我刚要对她们说明时，贺大爷先笑了起来，刚才有些紧张的气氛才有所缓和。我这才赶紧说："我不是什么干部，干部要找你们还用贺爷爷带路吗？"

再看老奶奶和那位年轻妇女，尴尬与不安，还有那种怀疑的眼神还伴随着她们。

年轻妇女勉强说了声让我们进屋坐，进了屋时我看到有位灰头土脸，满身泥土的老大爷正欲上炕，贺大爷大声叫他的名字，他回头先看了下贺大爷然后盯着我看了好一会儿才开口，第一句就是问贺大爷，“他是哪来的？做什么的？”贺大爷详细地把我介绍了一下，那位大爷才放心地上了炕。

在交谈中我慢慢才知道他们一家为什么对陌生人和计生干部那么警惕与惧怕，原来是他们还欠着乡计生办罚款呢（社会抚养费）。他们一家人都对这笔罚款愤愤不平，但他们没有多少抵抗能力来拒绝不交。

事情还得从源头上说起，冯家生活本就很穷，原本也没有打算要超生，乡计生办把冯家儿媳妇“请”去结扎一年过后，她又生下了一个孩子。计生办知道此事后实行紧急措施，又把冯家儿媳“请”去再次结扎。可这次结扎的500多元的手术费要冯家出，还罚款5000多元（超生社会抚养费）。可是冯家哪里有钱来交这么多钱，家里除了有些粮食其他几乎是一文不值。由此，他们每天都是战战兢兢，提心吊胆地过日子。生怕乡上干部时不时地出现在他们面前来催要罚款，所以一见着陌生人就害怕。

冯大爷先是在炕上一个劲儿地叹气，过了一会儿一字一句地说：“反

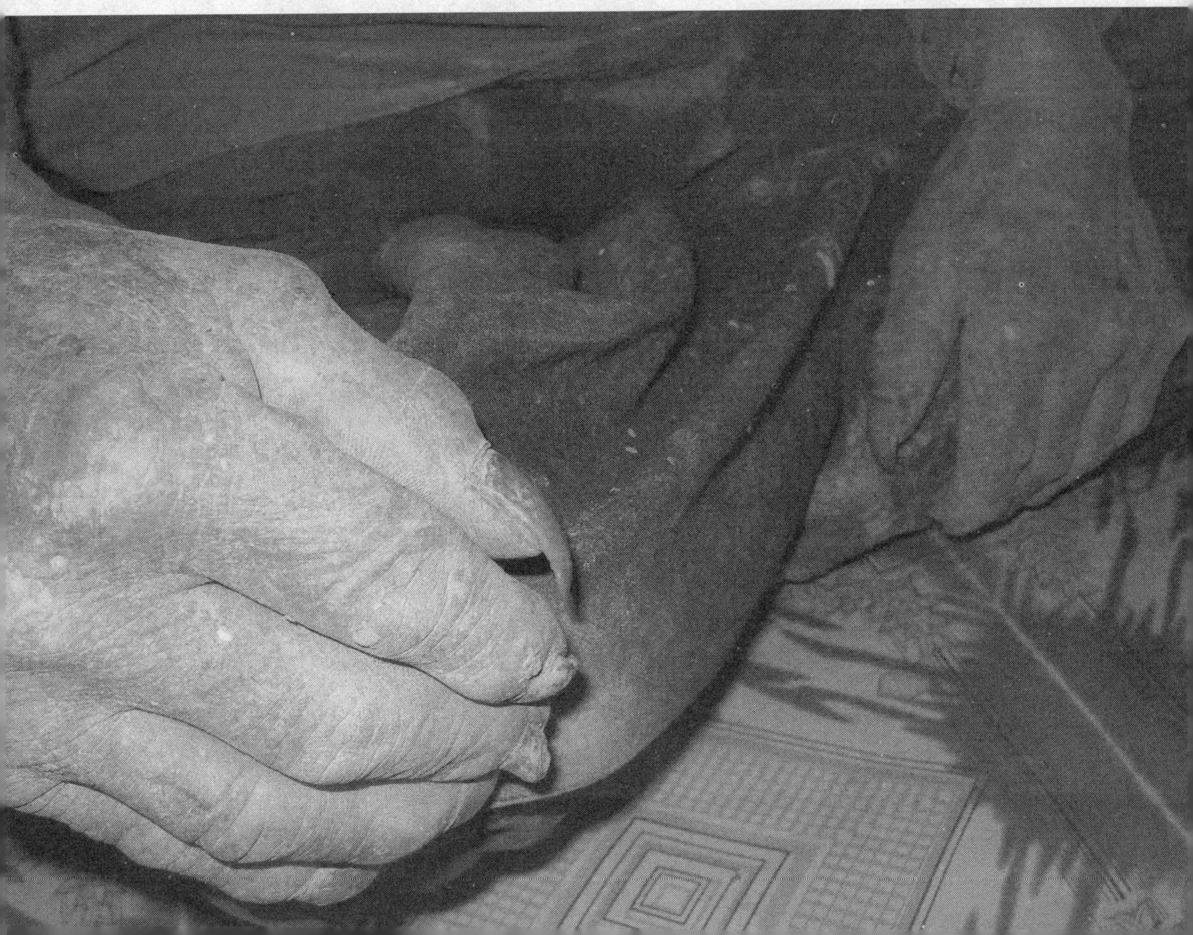

正我们农民，搞不清楚国家的政策，都是干部说了算，我们谁说话多了他们还会动手打人，搞不好他们还会把人铐走。不管怎么样人家公家做什么都是对的，就凭这一点我们就不敢辩解。就是有一点，我到现在也想不明白，我们这个儿媳妇是他们给结扎的，怎会又有孩子了？我们不懂科学，可结扎是他们（指的是计生办）给结的呀，又怀上娃娃连儿媳妇也不知道是怎么怀上的，都要生了我们才看到肚子大了，可谁也想不通怎么又怀上娃娃了呀。”

一直站在门外的冯大爷儿媳妇听到我们的谈话内容一步跨进了门槛，她显得有些激动，涨红着脸急切地插话说：“结扎是他们（乡计生办）做的，一年后我又有娃娃我也不知道，我们全家都害怕死了，一是怕他们知道要罚钱，二是怕我再挨一刀。我们确实不想再要了，可一想到好端端一个人非要把肚子给我豁开一个大口子我就害怕，豁了一次难道说还要我再去豁一次？第一次还没有好呢。就这样，我又东躲西藏地把娃娃给生了下来，后来他们知道了又来把我拉去还是把我肚子又豁开了，做了第二次结扎。这么两次折腾，我现在连重活儿都不能干了（说到这里，她忍不住哭了起来）。你说，我们农民，我们还是山区，种点庄稼出出进进都要上山下山的，不是背就是担（挑担子），哪一样活儿不需要体力啊？我们家现在是老的小的，你都看见了，你看我大、我妈（公公、婆婆）都 80 多了，现在还要他们上地干活儿，我一个年轻人却干不了重活儿了。我一直在想，计划生育是个好政策，可实行的就是不公平，凭什么你们城里人就不被强迫去开一刀（做结扎绝育手术）？给点药吃吃就可以，还是免费给发药。为什么非要把我们干体力活儿需要出大力气的农民给治得身体不好了？你们在城里工作不需要力气，可我们农民干活儿哪样不需要力气啊？我就一直觉得不公平。干吗非要把我们好端端一个人，在肚子上豁开一道口子，让我们肚子里跑了气受了伤！我们农民又没钱，买不起那些什么营养来补身体，计划生育反而重（指的是做结扎手术）。这些不说了，谁叫我们是农民啊，没钱是我们没本事挣钱，怪不上别人。可我就是想不通，都是人，城里人就可以不结扎，我们农民就非要把你割了（结扎了）？就算是我们农民没文化，不懂国家政策，但你们干部要给我们讲啊，不给我们来讲，我们生了娃娃后才来罚款，不让生了就是结扎。再说，我多生了一个，可那是你们结扎后我才有的啊，有了娃娃我也不知道它是娃娃，我还以为结扎了我身体发胖了。我们哪里知道结扎了还会再怀上娃娃。第二次给我结扎，手术费还要我们出，还罚我们超生款，这能怪我吗？我们这个理儿上哪去讲啊？我们农民就只能自己吃亏，没处去讲理！”

说到此，她颤抖着嘴唇，眼泪唰唰地流。

“我们家穷得叮当响，那好几千块钱就能要了我们命，我真想让他们把娃娃拉去顶账，我们不要这个娃娃。”

在炕上的冯大爷一直在不停地抠手，低头一语不发。他看见儿媳妇哭了还有些难为情地对我们说：“让你们难堪了，你们说说，让她罪也受了（做了两次结扎手术）还罚款啊！唉，我们两头儿都要挨罚。你说说，这结扎又不是我们自己做的，失败了那也应该是你们（计生办）的错啊。按照理儿，我们应该向你们要娃娃的超生费，还应该要娃娃抚养费啊，手术费也应该由你们来出啊。因为这手术不是我做的呀！可这个理儿我们能去找谁说？我们无处找啊！我们现在欠着超生罚款，天天全家人担惊受怕，见个生人我们就心跳肉跳的，整天什么也干不成了。”

老人长长叹了口气说：“我穷了一辈子，苦了一辈子，想着到老了能有个好日子让我过过，可我都 80 多岁的人了还要下地干活儿，还要给人家攒钱交罚款。唉，苦命啊——”

# 9月2日

## 疾病与贫穷交困的家庭该如何脱贫？

目光飘忽不定，说话前言不搭后语，举手投足冒冒失失，不能料理家务，不能犁田种地的刘用用，满脸苦涩与愁容，断断续续、杂杂乱乱地对我叙说他退伍后这十几年的苦涩生活。

由于一次车祸伤及大脑，他就再也不能像正常人一样了，全家五口人生活的重担全部落在瘦弱矮小的妻子身上。老父亲在他车祸后不久也撒手人寰，年老体弱的老母亲也整日为生计而操劳。

刘用用家庭情况与他本人的状况是我无意得知并前去他家了解到的。这天下午我到了平襄镇中林村刘庄社一位网友的家乡，坐定后不久，来了一位中年村民，他与我网友的父亲在谈话，谈话间我听到了他们说什么老山前线、中越战争与退伍的事情，再后来就说到他的弟弟向民政局上报材料没被批准之事，同时也提说到生活困难的问题。我一想这不正是我帮扶“万村行”要帮扶的对象吗？我插话说想去他家了解一下详细情况，就这样我们到了刘用用家。

进门迎面就碰见了刘用用，他看到我们显得有些慌慌张张，更显出黄土高原农民的那种特有的质朴与真诚，他忙不迭地迎我们进屋坐。我们进入一个低矮潮湿、光线又很暗淡的土坯屋子后，他手忙脚乱地找烟、倒开水，但都被我们一一拦住。这时，坐在炕上的他的年近八旬的老母亲也连忙下炕让我们炕上坐。

我开门见山地询问他关于向民政局上报材料申请相关救助事宜，同时也想了解他家现在的生活境况。他先是垂下了头，显得很无奈又很无助。他的哥哥催促他向我说说情况，他这才抬起头说了一句："他们说我不符合条件。"之后他情绪就非常激动，说话急切却没有逻辑。当我问起他参军以及复员的一些情况时，他疾步走出门外从另一个屋子里搬出一个皮箱，拿出了一些部队发给参加老山战争的纪念用品让我们看，以此证明他参加过老山战斗。可是，遗憾的是他没有直接参战的证明材料，因此，在向民政局上报材料时被打回来了，未能取得相关救助。

刘用用，从部队退伍回家后，由于家庭一直很贫困，直到30岁才相得一门亲事，可沉重的彩礼使得他家倾其所有。尽管如此，他总算成了家。可这个成家并没有给他带来立业的机会与条件，反而使他全家陷入困境。接着就是两个孩子的相继出生，又给这个已经很贫穷的家庭增添了沉重

的负担。

在农田打拼了许多年，日子还是没有好转迹象。不幸又一次降临到了他们的头上，在1997年刘用用遭遇一场车祸，这使他差些丧了命，还好他坚强地从死亡线上捡回一条命，可大脑重伤致使他失去了正常人的思维能力，由此他失去了劳动能力。在农村任何一项活路都是强体力的，地里的农活就不用提了，就这样家庭生活重担全部落在了妻子的肩膀上。

半年前他们听说县民政局在为参加过老山自卫战退伍老兵发放补助金，可刘用用到民政局办理时，却因“手续不全”不能享受这一抚恤待遇，为此他情绪更加低落，对生活的未来已近失去信心。

刘用用的老母亲颤抖着手一边摸着眼泪一边对我们讲述着儿子的遭遇和家里目前的生活窘境，刘用用在一旁不断地唉声叹气。他唯一说得最清楚的一句话就是：“外门边那头耕牛，是借得我老丈人家的，买不起牛，可这地不种就连个吃的都没有了。”

看到这样的家庭，一时间我也不知道他们脱贫该从何入手了。

# 附：

## 刘维璧（刘用用）来信

尊敬的帮扶社全体同志：

您们好！

我叫刘维璧，家住甘肃通渭县平襄镇中林村刘家庄，生于1967年，曾参军到某集团军某部服役，正遇上云南老山防御战争，年底上云南老山前线作战，1987年归来，1989年退出现役，回老家务农。

由于家乡贫困，家里人多地少，家乡本来十年九旱，父母高龄我不能外出打工，生活维持很困难，加上参军四年，复员回来年龄已大（相对农村找对象，结婚而言），找对象很难，结婚迟现在孩子还小，加上在1997年发生了一次意外车祸，导致大脑严重损伤，体力劳动无法干。家里家外、照顾老人、抚养孩子、地里的农活全凭妻子一人承担，她夜以继日，废寝忘食操持着一家人的生活。

耕地的牛是从妻子娘家借来的，给不起钱，没办法，家中的住房破烂不堪，风雨无阻（无遮拦），属于危房，上门招亲出去的哥哥回家看望母亲时，没有多余的房子可住，晚上就和老母亲挤在一起，没有能力盖新的。儿女上学、买化肥等家里的一切各项开支都无法保障，没有一点儿经济来源，经济拮据。日子过得非常非常贫寒和可怜，可怜到无法再说的地步……

前些日子你们帮扶社的同志到我家了解情况，把家中的实际困难详细一一记录下来，贫困是千真万确，绝对属实，期盼贵帮扶社能与社会好心人帮助我家一把，我也渴望一家人能过上个温饱生活（只一个温饱的期许）。

我诚以80年代云南老山参战军人的身份，向爱心帮扶“万村行”的蔚然同志以及上海帮扶社的全体同志们致以崇高的军礼和表示衷心的感谢！

最后，在进入21世纪的和平年代的今天，各项科技高速发展、奔向美好的明天，能有你们这样伟大的帮扶社，能为全国像我们这样农村贫困家庭无私帮扶和作出有益贡献的人们，我再次向你们致以崇高的敬礼和表示衷心的感谢！

此时，我的心情无法平静，我已是泪流满面……

此致

敬礼

一个贫困可怜的退伍军人：刘维璧

2007年9月12日

# 9月2日

## 老奶奶用露水洗脸

### ——农民老奶奶给我上了一堂让我掉下眼泪的课

清晨起床后我走出贺爷爷家院子，这些日子这里下过几场雨，加上这里秋天来得比较早，已经有些袭人凉意，由于我没有什么心理准备，和往常一样还大口大口地呼吸新鲜空气，可这一大口的呼吸不要紧，我禁不住打了一个寒颤，紧接着就是一个大大的喷嚏。

在这样的山区，地较广、人较稀，不说打一个喷嚏，就是打十个八个的也不会有什么影响的。可偏偏我的这个喷嚏打出来太不是时候了，让贺家老奶奶十分尴尬，却让我万分难过。

一个喷嚏怎会带来这种异乎寻常的结果？事情是这样的，清晨我起床走出贺爷爷家院子，想到坡上去呼吸呼吸新鲜空气。当走到贺爷爷家猪圈外的一个拐角儿处，正准备要走向荒草坡上，我看见贺家奶奶已经在坡上，她弯腰双手在草上来回摆动，我正要问候一下，不料一个大大的喷嚏打了出来。这一个喷嚏打得实在不是时候，它把贺家奶奶给惊吓了，吓的贺家奶奶差点儿没有栽倒在草坡上。她向前扑了下，双手扶到了草地上，之后她急忙直起腰，转过身子看见了我。贺家奶奶脸上湿漉漉的，我觉得很是抱歉，是我让老奶奶受到这么一个大惊吓，把脸都蹭到地上了。可当我急忙上前去扶老奶奶时，发现草并不高，老奶奶只是向前扑了一下，脸并没有接触到草上啊。我心里觉得有些纳闷，老奶奶怎么湿着脸呢？

这时，老奶奶好像意识到了什么，表情有些不自然还显得有些尴尬，

她双手飞快地拭抹脸上的水珠。我也没有再多想，就问奶奶早上好。可老奶奶还是一脸尴尬没有缓过劲儿来。这引起了我的好奇。老奶奶不就是脸上溅到了露水了吗，她为什么显得那么尴尬呢？我再看老奶奶时，她已经扯下肩头一块很是破旧的毛巾开始擦脸。我恍然大悟，原来老奶奶是用草上的露水在洗脸。

刹那间，我心里莫名地难过，不知道再和老奶奶说点什么。我盯着老奶奶已经擦干的脸，她也看我，我们就这样相互对视了好一会儿。还是老奶奶打破了沉默，“娃娃，这么早起来外边很冷的，你要多穿件衣服，你没有带外套我给你找件你爷爷的，早晨你先穿上。我起来给牲口添了点草，看露水很大我也就借着洗把脸。在屋子洗还要浪费水么，这露水也很大，我湿湿擦一把就成了，人老了没有那么讲究了，本来老农民嘛，也没有什么讲究。不管用什么，洗干净了就可以了。”老奶奶还是有些尴尬地笑了笑。

我一下子明白了为什么前天中午老奶奶在给我杯子倒水时，她把我头一天剩下的半杯水倒进自己饭碗里喝了，我也明白了她为什么把我们洗过脸的水倒进一只铁桶里存放着了……

在后来的几天里，我更是看到他们对水的珍惜。贺爷爷每次都硬是让我们先洗脸他后洗，原来他就是继续用我们洗过的水洗，他洗后并不是像我们一样把水倒掉，而是倒在一个桶里存放着，下午他们从地里干活回来就在桶里洗手上的泥土，沉淀之后再把水倒出来喂猪，几乎是一滴水都不浪费。有一天，贺爷爷用我们洗过脸的水洗了洗他的毛巾，之后又把他的一件沾满泥土的汗衫放进去，在里边淘洗几下就晾晒了起来。那水已经是黄泥汤了，可贺爷爷依然没有把那样的水倒掉，照旧倒入桶里。

在后来的几天里，他才给我讲起缺水的难处。“娃娃啊，你们在城里水龙头打开水就会哗哗流出来，虽说要花钱，可是你们不怕没有水吃没有水用啊，我们就算有钱，没水了你买也买不来。现在城里有什么矿泉水、净化水，那可不是我们山区农民能吃得起的水啊，再说一旦大旱了就真是远水解不了近渴。今年头半年就是大旱，有许多人家没有水窖，有的水窖小就没有水吃了。你们没有体会过我们这里缺水时有多么难，那可比还没满月的孩子娘没有了奶水还可怜。有时会把你焦（干渴）得心慌，焦得生不如死啊！这可不是爷爷说着吓唬你们，我年轻时，就在湾湾后边那个村里有个小娃娃渴得不行了，娃娃想着水窖里可能有水，他跳进水窖里找水喝。可水窖里也是干的呀，结果孩子爬不上来。家里大人去几十里山外去拉水，那时没有现在这样的路，回来时还是上坡。一走就是一天多，回来后大人找不到他们的娃娃了，到处找就是没有找到，还以为娃娃是被人拐走了呢，谁知在水窖里啊。可能是孩子又渴又饿，喊叫也没有人听见，就那样一个都快要上小学的娃娃就死到水窖里了。后半年天下雨，水窖里进满了水，人们看水面上好像漂着什么东西，钩上来一看才知道是他家娃娃……”

“孩子，这还算是意外，不是渴死的。我们这里是完全要靠老天下雨才有水吃用，在早些年大旱时，有些老人就是被渴死了。你就再难受没水你没办法啊，家家都是一样啊。不像现在好多人家都修水窖了，都还能存些水，像那样的事情就少了。可我们是受过没有水的罪啊，我们珍惜水是因为那一点一滴都是老天爷赏给我们的。我到城里儿子那里去，每当我看到你们城里人洗个东西把水开那么大，哗哗流着，我就心疼。有一次在儿子那里，我看有个女人在水龙头前洗擦地的拖把，洗完后她关都不关就要拿着拖把走，我说了一句她反过还白了我一眼才去随便拧了一下。她走了水还稀溜溜淌着，我去给关好了。现在一些人啊，就是不知道个好歹。”

“我一直想着，不管是天上的雨水，还是地下的井水，那都是宝贵的呀，你用多少它就会少多少，不能那样浪费啊。人啊，要知道惜物，这世间的东西它不是你想怎么浪费就能怎么浪费，它都会有个用尽的时候。你奶奶最知道疼惜水了，年轻时就非常惜水，从地里干活回来都是满脸土满身灰的，她就掸掸身上，拿个干毛巾擦擦脸，能省就省。我们这里不像南方到处都有水。可是现在还有许多人家没有钱，修不起大点儿、好点儿的水窖，一到旱天吃水还是很难很难。我们这里穷的一个主要原因就是缺水。”

与贺爷爷几天的接触下来，我深深体会到这里的农民对水的认识，对水的珍惜以及水对他们是多么珍贵了。当我们在用环保理念谈节约水资源时，祖辈生活在这样缺水少雨地区的农民就是我们活生生的教材。

一位老人，一位并不打扮（化妆）自己的老奶奶为了节约一点点洗脸水只用极其微小的露水来洗脸，这让我触动很大，也让我心疼和难过。

自那天起，我在通渭县的几十天里，把刷牙减少到每天一次，把洗脸也减少到每天一次。

洗澡，对于这里上了年纪的农民，可能一辈子从来想都没有想过。这不是这里的人不讲卫生，而是他们讲不起这个卫生。

# 10月24日

## 孩子吃掉猫啃剩下的面包

美丽的玉龙雪山时时被云霞包裹，就是偶尔露出真颜，也只是在极少的瞬间，很多时候她总是保持那份神秘的美丽。正是因为如此美丽的诱惑，才使得游人纷至沓来，他们攀登雪山之巅，兴奋之时站在雪山之上高喊——丽江，玉龙雪山，我爱你！

就在雪山脚下，隐约还能听到“我爱你”的喊声之处，却有这么一群人无论如何对雪山喊不出“我爱你”三个字。这不是因为他们不善于表达自己的情感，不是他们的嗓音不洪亮，而是他们怎么也爱不起来。

清晨，我就离开丽江市骑车沿着艰难的山路向宁蒗县农村进发。下了陡峭的十八盘不远处就是丽江古城区最后一个自然村树底村，此时已经是下午两点多，我的肚子早已饿得咕咕叫了。树底村就在金沙江边，这里有几家村民开设的商店和餐馆，我就近找了一家餐馆吃了一碗面条，又继续赶路了。当跨过金沙江之后，柏油路变成了滩石路，下坡路变成了上了一坡又一坡的上坡路，我只好推着车向前行走，沿途不见一个村寨。

从丽江去泸沽湖的旅游车上的人们，猛然间看到在这样崎岖的幽谷中有一个骑自行车的人，就好像发现了稀有动物似的，不知是出于好奇还是惊讶，总是有人探头张望。

月亮在静悄悄中爬上山头，月光已洒满了山间，这时已经是晚上九点多钟，我依然没有看到一个村寨。只是在偶尔间，隐约听见大山中传来几声狗叫。可我知道，那是遥不可及的地方。我只有咬牙坚持向前走，心中的期盼在转过一个弯道又一个弯道后变成了失望。就在我几乎陷入无望时，路的弯道后一道手电光忽闪忽闪的。我浑身一震，马上又有了一股力量,脚步也不觉得那么沉重了。路边有一排小屋,门口有一位妇女，但我看不清她的年龄大小，我上前一步张口就叫人家“大姐”，她也很爽朗地答应了一声“哎”。我问这里附近有没有旅社之类的，她很干脆地告诉我，这一路上都没有。我一下子懵了，这可怎么办？我赶紧问她 ：“大姐，您家有住的地方吗？”她比刚才更干脆地回答我 ：“我家有地方住。”我悬着的一颗心顿时落下了，心想今夜有救了，只不过把住店的钱给他们就是了。

我问了她自行车放在什么地方，她对我说 ：“就放在外边，在我们这里没有人会偷的。”她让我把行李包搬进屋内，之后让我进屋子坐。进屋后她才对我介绍了她的丈夫。她丈夫边与我打招呼边起身给我倒茶，我也就简要地向他们介绍了我是做什么的。这时我才看清楚，这位“大姐”不过才 20 出头。人家要比我小 10 多岁，我这样叫人家大姐心里觉得很是抱歉，可她就没有在乎这个。在我接过她丈夫倒给我的茶水后，她问我没有吃过饭吧，我对她点了点头。她就转身走了出去，不一会儿一盘热气腾腾的炒肉片端了上来，接着就是一大碗绿得惹人馋的青菜汤，最后一锅雪白的米饭也随之摆上了桌。

饭后与男主人聊了起来，他今年 30 多岁，在西藏当兵退伍回乡，做了五六年的村干部，最后因家庭经济拮据辞去村干部的职务，现在在路边上盖起了这几间简陋的房子，给过路汽车加水附带开了个收费公厕，实际上就是加点水收点小钱，上厕所的就是随你意给了。在他给我讲他家的现况时，我仔细观察了一下他说的所谓房子，实际就是一个简易棚屋，四处漏风透光，夜间山风在缝隙中呼呼作响。刚坐下时我因为上坡又是推着车，满身是汗水，还不觉得冷，可饭后不久就觉得后背直发凉，还不时地打颤。他所在的是宁蒗县西川乡子布河自然村，叫西川，其实没有川，全部都是大山相连，这里全部都是彝族村民。

当我知道男主人曾经是村干部后，就向他提出请他明天带我走访一些村民，同时也考察下他们村的自然条件和经济状况。他很是爽快地答应了，可过了一会儿他面有难色地对我说 ：“蔚先生，我刚才忘记给你介

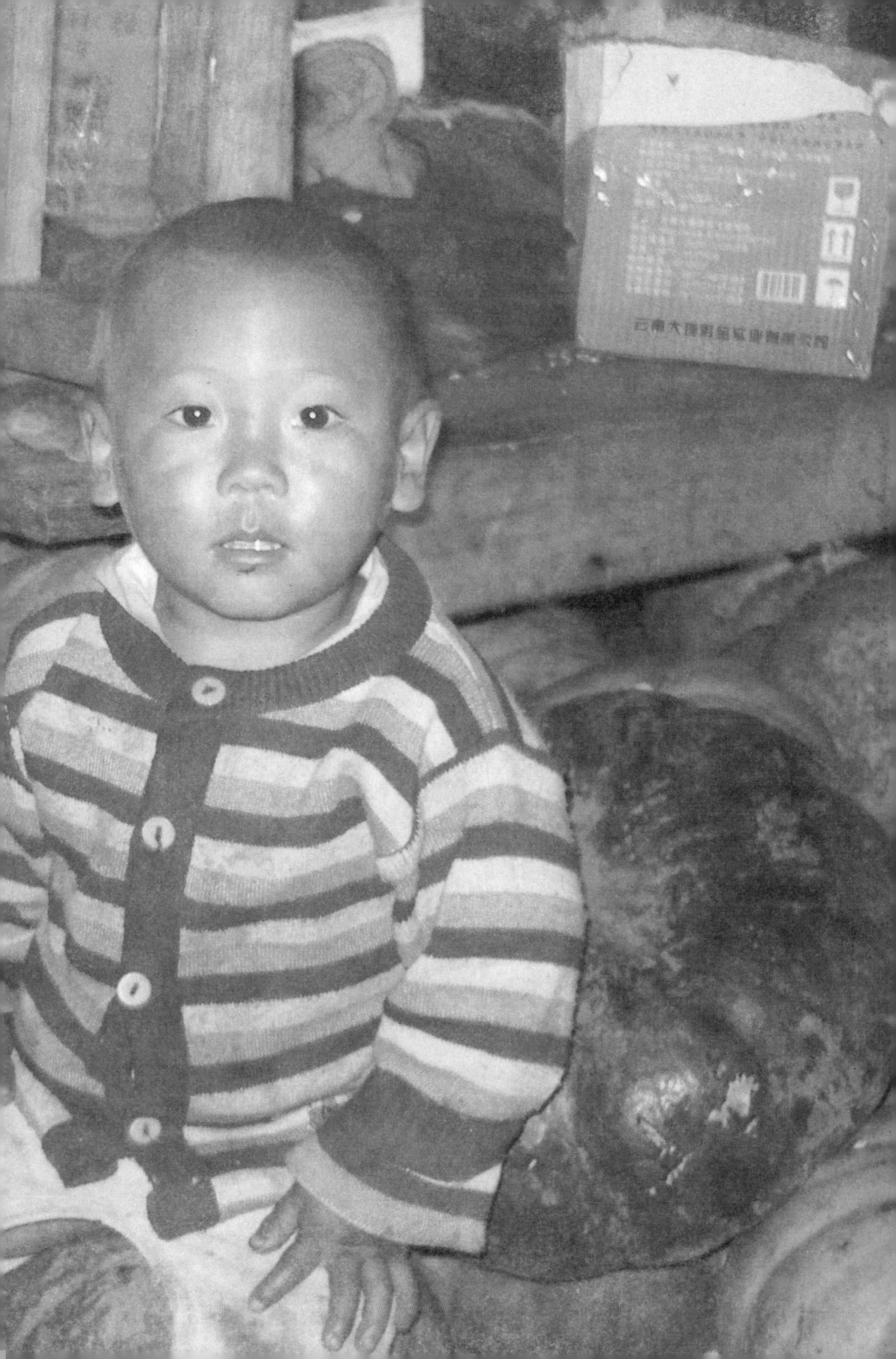

绍我们彝族这里有个习惯，你去他们家做客，又是远道上来的客人，他们一定会把你当作最尊贵的客人招待，就会给你杀鸡宰羊或者杀猪招待你。他们就是自己家里没有猪、羊，也要去别人家借来杀了招待你。可是他们招待后我们走时要还情，杀只鸡问题不大，杀只羊和猪就比较麻烦。一般至少要六七百，这对你和我都是一个不小的数字。”我听后也觉得很犯难，假如我去四五家就要还情几千块，这样下来我还怎样做帮扶考察啊？最后他给我想出一个办法来，让我不要去过远过高的山上，尽管那里人们生活非常困难，但不能轻易去。就在山脚下他带我去几户基本与山上村民生活差不多一样穷困的家庭了解情况，地理条件大体也就是如此，最后我们就这样说定了。

夜已很深，我们的谈兴还很浓，可是他的两个孩子没有大人陪他们就是不睡觉，我也感觉有些疲惫，就提出休息。他和妻子带我走出我们吃饭谈话的屋子，来到了离公路较远一点儿的一间单独的小屋子。他妻子把一床很新的被子铺在了已经铺有褥子的床上边，又取出两床刚洗过带着清香的被套，套在了两床也很新的被子上。他们就让我睡在这里。当我睡下时，才注意到这个屋子非常简陋，星光就在木板条中闪烁，真是“风声四起”，呜呜作响，好似要把这个屋子卷走一般！尽管如此，躺在松软被窝里的我不一会儿就呼呼大睡了，一觉醒来已经是早晨八点多了。

我起床走到他们的客屋时，女主人很快端过来一盆热水让我洗脸，同时很是不好意思地对我说：“对不起，昨晚上你拿进屋子的车篮子里的面包被我家猫给拉出来啃了一多半。”我看着她那很是不安的样子，连忙告诉她没有关系，就两块小面包，吃了就吃了。她带着满脸歉意的表情回厨房去做早饭了。我洗漱过后去车篮子里取擦面霜，看见被猫啃剩的半块面包，已是沾满泥土和杂草，女主人还是把它捡起放在篮子边上。我就对女主人说把面包给猫吃了吧，她只是点了点头没有吱声。

我随男主人去农户家走访回来，正准备进厨房把行李取出绑上自行车去下一个村寨，就在我将要走到厨房门口时，正好看见女主人把两块猫啃剩下的脏面包分给两个小孩子吃，小孩子吃得是那么香。

当我从木板缝隙中看到这一幕时，我的心就像刀搅一般地痛与酸楚。

我赶紧扭过头把视线移开。

后来我才知道，昨晚给我吃的肉是他们买来做生意的。

在走访的几户彝族村民家中，我看到的除了瘦小干瘪的少量玉米外，就是如核桃、枣子一样大还沾满泥巴的土豆，这就是他们全年的主要食物。陡峭的山坡地，也只能勉强生长这两类庄稼。种植小麦产量更低，更是无法解决温饱，种植水稻就更是个梦想了。有两家妇女，结婚时买的一条裙子穿了许多年还在为她们遮体。我看到这样的情景不知说些什么好，只有默默地记下她们艰难的生活实况。

我要离开陪我考察的彝族村民家时，要给他们住宿钱和饭钱，可他们夫妻笑着对我说："大哥，你不要把我们彝族兄弟看扁了。我们让你住我家是我们信任你，欢迎你！再说，我们也是农民啊，你为我们农民都能这么辛苦地奔波，我们怎么还能要你的钱呢？我们再穷也不能这么做啊！"

离开了子布河村后，我忽然想起我们生活富足的游客们，站在玉龙雪山上大喊"丽江，我爱你"时，祖祖辈辈生活在这样贫瘠的大山里的人们，因为贫穷与困苦的生活无论如何也喊不出来"我爱你"。

# 10月31日

## 农民老人养老靠捡破烂，治病靠烧香拜佛

她佝偻的身躯，在路边的污水沟里半侧身弯曲着腰去捡拾一个比香烟盒略大一点儿的纸板。由于弯腰、侧身过久，当她捡到后抬起头来，只能站在路边上面无表情地喘粗气。这时，我才看清她已是一位年过七旬的老婆婆。

到永胜县三川镇，是我应在丽江市认识的一位卢姓大姐的邀请而来。这位卢大姐是位皈依佛门的俗家弟子，她的心底非常善良，尽管她在外已有10多年，现在在丽江市开一家素食餐馆的生意也比较好，可她总是时常牵挂着老家的一些孤寡老人和生活艰苦的人们。当她知道我所从事的工作后，她就邀请我到她老家去，看能不能帮一些困难的家庭解困。我结束了丽江和宁蒗的帮扶考察后就绕道到了这里。原本我计划结束丽江市、宁蒗县的帮扶考察后就进入四川回上海休整了。

这天上午我到了三川镇所在地金官（原金官镇，现合并三个乡镇改为三川镇），卢大姐早晨从丽江赶回来与我在她的家乡汇合。到了金官后第一个进入我视线的就是这位捡拾破烂的老人。

与卢大姐见面后，她说要去的第一户人家就是一位依靠捡破烂为生的老婆婆家，此刻我想到在马路边看见的那位老人，莫非就是去她家？我放下随身携带物品，吃过午饭就匆匆前往。我们敲开一扇紧闭的大铁门，走进一个比较整洁、宽敞的院落，院角一处还有一只蹦来跳去的猴子。我心中开始纳闷，这么好的一个院落，怎么还会有人依捡拾破烂为生呢？

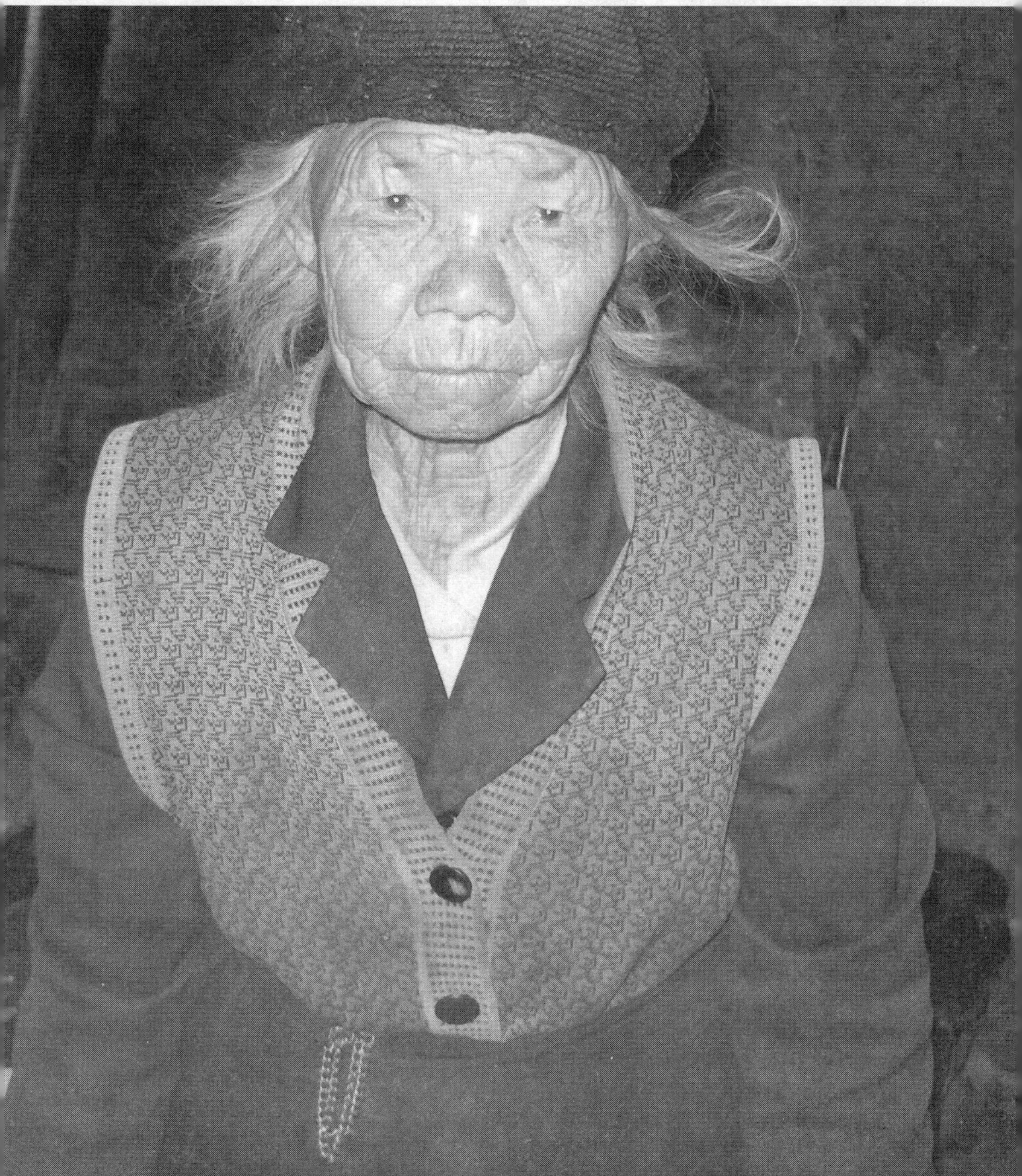

就在我暗自思忖时，卢大姐指着在院落一处不起眼儿的角落说："那个房子就是那个老人住的地方，她是一个人住在这里。这个大院子不是她家，只有那间土坯房子是她的。"我这才明白，原来老人与这个大院子没有任何关系，只是她的住处被人家包围着而已。当我们弯腰、低头走到那间"房子"跟前时，才看到没有人在屋内。后来院中的邻居说老人捡破烂中午不回家，她一天只吃早一餐晚一餐，中午从不吃饭。卢大姐对老人的邻居留下话，请帮忙告诉她回来后晚上等我们。

离开老人的住处，卢大姐边走边告诉我，老人有个儿子，也有孙子，并不是一位孤寡老人。可是由于儿子为人老实巴交又没有文化，从不敢出门打工挣钱，就在家种地。他的全家生活全部依靠他和母亲两人的土地（人均七八分，不到一亩地），可他生有二子，正在长身体，口粮也基本上是勉强糊口，其次母亲年岁已高，早就不能下地干农活了。母亲的土地由儿子和儿媳种，每年给老人 300 斤稻谷，老人单独生活着。可这 300 斤稻谷辗成米就只有 200 来斤了，怎么也不够老人一年的口粮。老人的穿衣和油盐酱醋根本没有着落，儿子连自己一家四口的日子都难以为继，哪里还有什么余钱和余粮来赡养老人？

就这样，一位年过七旬的农村老婆婆就只有力所能及地捡拾一点儿破烂度过自己的余生了。可是这个乡镇四周都被大山包围着，流动人口极其有限，就是在乡镇所在地的集市上也捡拾不到多少破烂。

我们没有见到老人，出门后在卢大姐的带领下去了镇上的一家养老院。这家养老院里只有三位老人，也都是老婆婆。一位 80 多岁的老婆婆已经下肢瘫痪生活不能自理，吃饭就依靠另外两位老婆婆给她送一点儿。另外两位老婆婆也已经 70 多岁，她们帮那位瘫痪的老人席地铺上被窝，便于她爬出爬进吃喝拉撒。另两位老婆婆虽然生活能够自理，但是她们的生活来源完全依靠自己搞来食物，养老院唯一能给她们的就是一间不透风不漏雨的住处。三位养老院的老人也同样加入了捡拾破烂的队伍，同时她们还多了一样让我大为吃惊的"创收"和"治病"方式。

从两位老人对我们讲的她们在养老院的生活中，我生平第一次听到如此的特殊"养老院"。三位老人，一切的生活全部依靠自给自足，也就是说食物的来源要依靠自己"生产或者筹集"，购买蔬菜和油盐酱醋等生活必需品也是自行解决，穿戴就更不用说了。这样一来可把三位老人给逼上梁山了，一位瘫痪不能行动，就剩两位老人，三个人要活下去，怎么办？这是摆在他们面前最为棘手又苦涩的问题，不能轻易放弃生活，两位老人就开始在这家“养老院”继续为生存而“劳动”。

白天，能够行走的两位老人出门捡破烂，晚上回来学习手工制作香烛。香烛一部分卖给一些她们熟悉的好心的信佛的村民，此一项可以给她们逢年过节贴补一点，另一半香烛就留作自用。自用的这部分就是我前边说到的“治病”，怎么“治疗”呢？就是每天焚香拜佛、祷告，为自己和那位已经瘫痪的老人祷告，祈求神仙、佛祖祛除她们的疾病，减少她们的病痛，这也就是三位老人的“医疗保障”。

她们吃的食物简直不如泔水桶里捞出的残羹剩汤，我的心就像被她们焚烧的香烛一样被灼烫着！我问她们是否还有亲友，结果她们的回答也大大出乎我的意料。有两位家里都有儿女，可是儿女的日子过得不比她们强到那里去。由于儿女们的日子过得也非常艰难，什么孝敬、赡养老人对她们来说简直就如登天，看着自己的老人受苦受难，儿女们也只有无奈地仰天长叹。三位老人也只有寄居在这个“养老院”养老了！

晚饭后，我们又去了那位独居的老人家中。她坐在门口等着我们到来，看到我们后她急忙站起，蹒跚着迎了上来。我们示意她不要过来了，她还是坚持向我们走了过来。

推开门，还未进到老人的居室，一股呛人的霉变味道就扑鼻而来。两间泥土篱笆墙的窄小屋子里，杂乱地堆放着捡拾回来的垃圾、破烂。门口的小小的空间里放着一个很小的煤炉子，炉子上放着三只不同大小烧得黝黑的搪瓷杯，另一旁的一个大点的盆子里放着一个小盆子，盆子里就是老人的食物。

我看到这一切后，什么话也说不出来，在下午我就已经知道了老人的一些情况，老人生活在如此恶劣的环境里，这究竟是谁的错？是老人自己的错？是儿子的错？还是社会的错？我无法去评说。

我让老人坐下来说会儿话，其实我已经无言以对，我只是想在她跟前坐坐。我就坐在了老人的对面，伸手握住她的手，就这样我默默地握着老人的手坐了许久，之后起身与老人告别。

临别，老人送我们出门时，她的几句话深深地震撼了我，触动了我的灵魂。老人说：“开放了，农村的老人依不上儿女们了，农村的人老了不知道能指望谁给口饭吃给口水喝？国家让我们依靠儿女，这都是瞎话。国家的人（在老人的印象中，在城市的居民和工作的人都是国家的人），儿女也都是挣钱的，他们有退休，退休还有钱，农村的老人一直要干活干到死，要不然就要饿死。农村人的儿女都是农民，挣不来钱，反而要管老人，管得来吗？管不来了。我捡点破烂还能买碗饭吃，还有动不了的就只能等死。我不可怜，可怜我做什么？我们农民就是这个命。”

说完，老人轻轻叹了口气，扬了扬手示意让我们走。

在这个夜里，我脑海里出现了许多在帮扶“万村行”中见到的农村老人的形象，他们艰难生活的情形清晰地出现在我眼前，怎么也挥之不去。由此，我陷入了深深的思考之中。

农民的养老问题，已不是一件可以忽略的小事。农民养老也不能再这样依靠“养儿防老”的传统方式来处理。在人民公社时期，这些老人们把青春，把粮食奉献给了国家建设，他们所得到的报酬仅仅是养家糊口的口粮。土地承包后，尽管温饱解决了，有些地方也取得了飞速发展，但是我们不能忽视农民养老问题。土地虽然是承包给了他们，可他们到了老年再也干不动农活了，用土地给农民养老对农民已经成为一种残忍。因为农活一天不做，庄稼就会颗粒无收，他们老年之后再也不能承受强重的体力劳动了，可他们老了也要生活啊。不说他们的其他生活来源，就是如那位老婆婆所说：“谁给口饭吃？”他们的养老究竟由谁来承担？是他们自己？是他们儿女？还是另有其他？

总之，农民养老的问题，已不是一件小事，建设和谐社会，农民养老问题也是根本之一。

# 2008年

# 2月5日

## 残疾老人露宿街头无吃无喝过大年

这是农历腊月二十九日的夜晚，甘肃天水火车站外人流已经很稀少了，只有赶乘最后一班列车回家的人们，在候车室里焦急等待着发往自己家乡方向的车次。

我穿过马路，准备到对面一家牛肉面馆吃碗面，迎面看见路边售货亭与广告牌的夹角处有一个瑟瑟发抖的身影，蜷缩在那里。我的心不禁一颤，这么寒冷的天，又要过年了，这个人怎么不回家呀？想到这里我疾步走近他，借着微弱的灯光才看清这是一个坐着轮椅的衣衫褴褛的老人。起初我还没敢直接靠近他，担心他是个患有精神疾病者。我先向旁边售货亭里的小伙打听老人的情况，小伙很是热切地对我说："老人很可怜的，在这里已经有好长时间了，白天就摇着他那个很不灵便的轮车在火车站周围捡点儿破烂，晚上有收破烂的看见了就收走。"我问老人精神是否正常，"正常，非常正常，他从不向路人伸手要饭。他的一条腿和一只胳膊伤残了，靠另一只好的手捡破烂，走不了路就摇着那个烂车去捡，吃的大多数都是垃圾桶里捡来的。老汉好可怜的。常常不见他有东西吃，有时我看他实在太可怜了，也给他一袋面包吃吃。他和我们熟了还客气不要，说我们还要卖的。"

我又问怎么没有人管？小伙子说："现在那些当官的，只顾自己驾着高级轿车回自己家，干自家事，谁还管一个没权没势的残疾人啊！"

听了小伙子的简单介绍，我走到了老人跟前，边询问边从兜里摸出几块钱塞进老人那只一直在发抖的粗糙的手中。当老人看着我塞进他手里的是钱时，泪水顿时就哗啦啦地流了下来，看到此情此景我有些措手不及。原以为长期在街头以流浪为生的人，对他人的施舍早已麻木，谁知这位老人这么容易动情与伤感！我忙对老人说：“您不要哭，不要哭，天气这么冷别再把脸冻伤了。”

说着我的心也感到非常酸楚。我心里酸楚的是，人人都在欢天喜地地回家与亲人团聚、欢度春节，可这个可怜的老人却蜷缩在滴水成冰的露天街头无吃无喝。

我问老人有没有家，他还没有止住眼泪，长长地叹了口气，连连摇头。我又问老人有没有孩子，老人艰难地抬了下那唯一的一只手，伸出四个手指。我理解老人可能有四个子女，但他始终没有说一句话，眼泪依然流淌着。

在这里，行人呼出的气在眼睫毛上瞬间就凝成了冰，我怕老人的眼泪也在脸上结冰，这会使让老人本就冻僵的脸冻伤，我伸手给老人擦眼泪，没有想到我的这一举动让老人更是哗哗落泪。我赶紧劝慰他说您不要伤

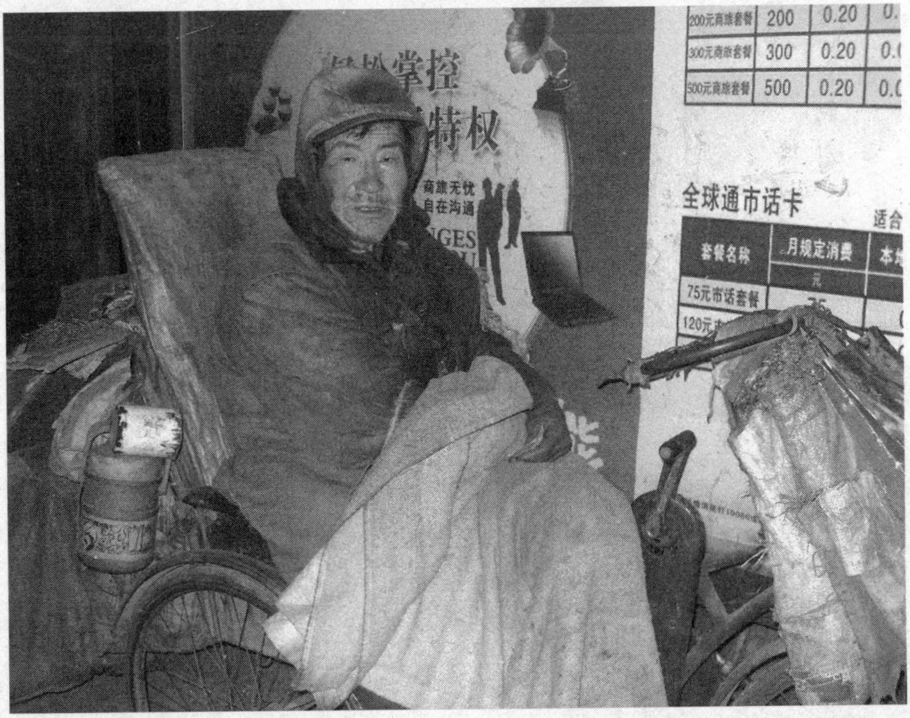

塑造文
建设和

务 构 建 和
明形象，
皆天水。
站欢迎您！

心，接下来就不知道该对老人说什么了，因为我无法给老人一个温暖的家，也不知道该让老人上哪里去过年。我只是一个匆匆的路人，并且我不是本地人，一时间我感到万分的为难与心痛。

我取出相机，有些残忍地记录下了这位无家可归的、依靠捡拾破烂的残疾老人，凄惨地露宿在街头过中国人最为重要的春节。我紧紧地握了下老人那只还不愿收回的手，老人又哽咽了，我一句话也说不出来了，就对老人深深鞠了一躬，向老人拜年了！我这才离开老人，可我也无心去吃那碗牛肉面了。抬头，看见马路上张灯结彩，道路两旁挂满喜庆的大红灯笼。

我走进候车大厅时，墙壁上的大屏幕显示着：塑造文明形象，建设和谐天水。这与我刚才看到的情景极不相称！眼皮底下的凄苦老人都视而不见，文明形象如何塑造？和谐社会如何建设？由于时间仓促，我没能与地方政府取得联系，希望能给老人一个安置，哪怕只是过一个温暖的春节。

# 2月5日

## 农民眼中的伟大

当你真心实意地为农民做一件小小的事，帮农民解决一点小小的困难，他们都会感激你一辈子，或者给你的回报会超出你的想象。

重返通渭县中林村时，退伍兵刘用用一家人的表现最具代表性。刘用用的母亲已经患有老年性耳背（耳聋），她却异乎寻常地听见了我和他儿子在门外的说话声。老人穿着单薄的衣服，拄着冰冷的拐棍，顶着寒风走出房门迎向我。当她松开她手中的拐棍，双手抓住我的手的刹那间，我深深地感受到农民那质朴而又真挚的情意，我冷得已有些发抖的身体顿觉一股暖流传遍全身。

“忘不了你，我们全家都忘不了你！你第一次来过我们家后，我一直不理解你。你不是国家干部，也不是拿什么工资的，还是自己花钱来我们这些穷地方了解我们情况，说还要帮我们，我就不怎么相信。我快要入土的人了，不说假话。你就是雷锋，那也是吃军队饭才能帮助人啊？可你吃什么？用什么？依靠什么帮我们？我琢磨了老长时间就是没有琢磨透。当用用前后收到500块钱和许多衣裳时，我好像明白了一点儿。在你这次来之前我们都知道你要来了，我这些晚上都没有怎么睡着，我就一直想着这个人是啥力量让他这么做？我到现在还是没有想明白。今儿个，你和我坐一条炕上了，看着你，我心里别说有多开心了。我突然想到这样的人就是一个伟大的人！其他，就是我想得入了土也想不出个什么名词，想不出个为啥。就国家领导人来坐我炕上，给我送点物什，我也不觉得他们伟大，因为他就是干的国家的事，吃的国家的饭，拿着国家的工资。”

“上次还生（陌生），觉得你外边干事的人和我们农民有距离，今儿个你回来，我也知道了你是在真真地帮我们这些可怜的农民，不图个什么回报。我心里啊，就把你当做我自己的娃娃。娃娃，你不见外我这个农村老太太吧？过年和自己家里人一起过，这是自古至今的一个暖人心的大事，你却为一个疯了的娃娃，连年都不过就来我们这么冷的地方。我既心疼你又觉得你真的很了不起，就是觉得你很伟大！就在我家过年吧？虽没有好吃的，可我们的心是热乎的，不想让你在那冰冷的火车上过年……”

我受一位善良的也身有残疾的姑娘委托，给退伍老兵刘用用的妻子、孩子带去许多衣物。我刚走进网友琳达的家，还未落定，刘用用就得知了我到来的消息，他就急匆匆赶了过来，看见我他激动得嘴唇都发抖，一个劲地说：“蔚老师，没想到啊没想到……今生还有缘再次见到你！还是在这么短的时间里。你要完成那么大的计划，有那么多的农村与农民还在等着你，能二次见到你我今生都没有敢想！真是想不到，想都不敢想啊！明天就是年三十了，你还能来到我们这里……”

琳达的爸爸一再催促，“用用，让蔚老师赶紧上炕坐，上炕坐暖和，

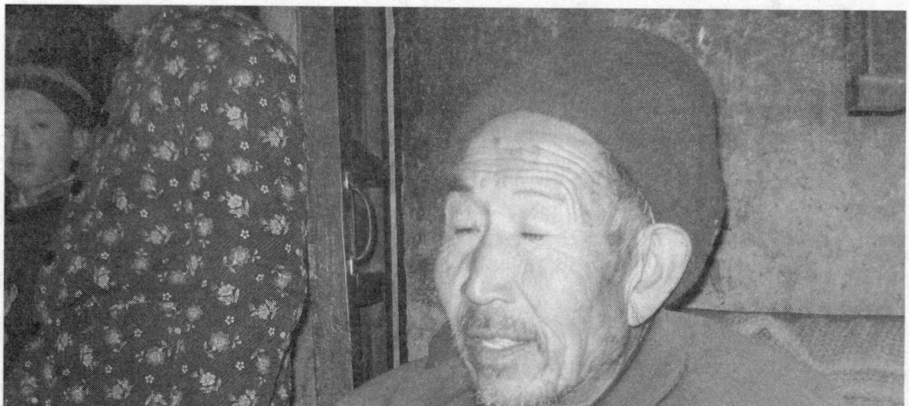

你们慢慢聊。”这时刘用用才反应过来，忙扶着我让我上到了暖和的炕上。我们坐定后，刘用用就迫不及待地说：“感谢你啊，蔚老师！感谢社会上那些好心的人！是你让那些好心人知道了我，我的家庭情况，他们有给我汇钱的，有给我邮寄衣裳的，我老母亲知道后哭了好几天，她不是伤心她是感动啊！她一直在念叨：‘现在社会上还是好人多啊！’她要我好好感谢你们帮扶社，感谢那些好心人……”

我插话对刘用用说：“那些好心人帮助了需要帮助的人们，都不需要你们说什么感谢，只要你们能慢慢把日子过好。说感谢我就更不需要，因为这是我的工作。我创办帮扶社，就是为了要帮助农村里的农民脱贫、解困、发展的，所以我帮你那么一点点儿，根本无须言谢，要谢就好好努力把日子过好了，再伸出你温热的大手帮帮你周围还需要帮助的人，这就是对我和那些好心人最大的感谢了，和谐社会的建设是我们每个人的事情，就是我们老百姓人与人之间，家庭与家庭之间的和睦相处，相互帮助与关爱的事情。”

当我在热乎乎的炕上和刘用用说话间，琳达的妈妈做好了午饭，这时我也暖和了一些，饭后刘用用再三叫我要去他家一趟，我就随他到了他家。

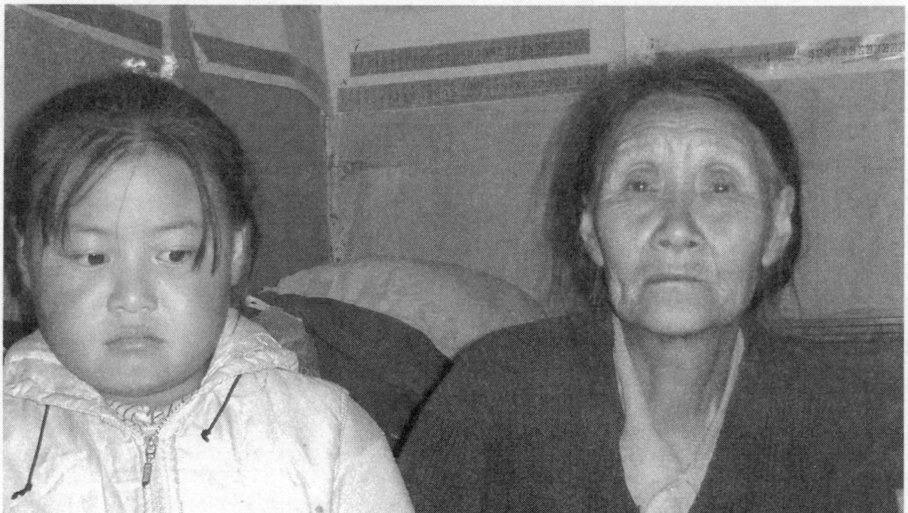

# 2月7日

## 农村合作医疗咋成了骗农民钱的把戏？

类似的问题我在帮扶“万村行”之前的日记里已经记录了好几篇了，今天又不得不再写下这篇日记。

这次重返甘肃通渭县，和精神病患者刘兵旺家人谈起治疗花费时，说起了农村合作医疗。一些知道我又来到他们村而纷纷聚拢来的村民，一提起这件事不是骂骂咧咧，就是不屑一顾。有位村民过激地骂道：“驴日的，收钱时说得比唱得都好听，你交了钱他驴日哈外（哈外：方言“驴日下的”发音）就会说这个不符合条件，那个不符合规定。总之一句话，农村合作医疗就是骗农民钱的把戏！你想让他们给你真报销点儿，他们就是千方百计地说你看病吃药都不符合他们的规定。什么规定？狗屁！都是骗农民不懂法、没文化。虽说10块钱不多，可家里人口多了也有几十上百块钱，让我们拿这些钱买点头疼脑热的药也够了，干嘛要白白交给他们啊！”

又一位村民说：“当初想，农民这祖辈都是你有钱了就吃药看病，没钱了就是等着死人，现在好了，国家也让我们农民吃药打针可以报销了，交点儿小钱也划算。可交了钱之后才知道根本不是那么回事，只有住院了，住进那个规定的什么大医院，做大手术才给报销百分之多少。可我们交钱时没有人给我们讲这些规定，我们觉得他们骗了我们农民。蔚老师，你听我给你再说说，你看看他们那个狗屁规定合不合理？首先说，农民一般都是些头疼脑热的小病，再就是没钱看已经拖久了的慢性病。就这些病，你可以去打听打听有几个人会上大医院去看？再说进城去大医院买点儿感冒药那路费都比药费贵多了，就算给你报销了，也只有百分之几，又不是全报销，再不会算账的人也知道不划算啊，可人家说的是不住院不报销啊！这第二就是农民哪里有那么多钱不论大病小病的就跑去住院啊？农民是能省点儿就省点儿，能熬过去的病熬一熬过去了，熬不过去的就到药铺里买点药吃吃，有几个人进得起医院？你说说这个合作医疗还是为农民办好事吗？依我们看啊，就是又一个变着法骗农民钱的。全国农民最多啊，一人骗 10 块钱就有几十亿。钱是交了，本（合作医疗证）是办了，农民吃药还是自己在花钱，看着手里又多了一个塑料皮皮本本，可花 10 块钱买这么个本本是不是太贵了？你说花了 10 块钱买个字画什么的还可以挂墙上看看，给人增添点喜兴（通渭是中国书画之乡，在农村再穷的家庭都会在中堂挂上字画，字里画间体现出一种主人持家、兴业、尊崇文化的精神）。”

话听到此，我脑海中清晰地浮现出青海省互助县松多乡马营村一位 50 多岁农民做碎除胆结石手术，为了节省点儿钱，当天做完连夜赶回了家，可就是因没有“住院治疗证明”不能报销；五什乡巴洪村一位有着 25 年民办教师教龄的老妈妈，由于刚刚丧子过于悲伤，在帮老伴干活时，头一晕被榨油机轧断了四个手指，就在当地卫生院简单地进行了治疗就回了家，也是因没有“住院治疗证明”而不能报销。此外在其他两个乡镇，我遇见农民从村合作医疗站领到发给他们的药品。其中有一位老人提着一包针剂和几袋片剂药。当我问老人时，他面露喜悦地对我说：“公家发的药，我给小孙子准备的，他生病就可以给他打针了……”听到老人这样讲，我顿时一阵阵头皮发麻，后脊发凉。要说给成年人准备点治感冒、拉肚子药还可以，可给小孩准备针剂药，一旦乱注射错了可是要出人命的，这样的药怎么能随便发放啊？我不明白又问老人，为什么卫生院要给你们发药，老人对我说：“我们不识字，不清楚，反正就是那个合作的医疗，人家说发药我们就去领药。反正有药吃总比得病疼得难受好啊！”

这样发药是个例，但是也暴露出一些隐患与弊端。此外，我在贵州、云南的许多村寨也听到农民对合作医疗的不理解与不满，大多数都说到

“不住院不报销”的问题，说到“合作医疗没有用”的看法。

农民对农村合作医疗的主要意见是：一是农民自行在乡村诊所看了病、乡村药店买了药，得不到合作医疗的报销。二是农民没有钱去规定的大医院住院看病，也得不到合作医疗报销。三是农民自己算了一笔账：去规定的医院看病花钱多，就算给报销一半，也比自己到药店买药、找本村大夫看病贵出许多。因此，农民认为农村合作医疗没有真正给他们带来想象中的好处，更没有起到作用。

为什么这样一个国家出大头、农民出小头的为农民解决就医难、看病难、抑制因病致贫的好政策，到了农民那里就成了雾里看花、水中捞月之事了呢？

这是制度制定的缺陷？还是在执行中变了味？何以让很多农民产生了怀疑和抱怨？“科学发展观”在农村合作医疗问题上是否得以体现？换句话说，农村合作医疗制度是否符合“科学发展观”？不谈农民合作医疗报销规定是否科学、合理，我们应该先人性地来思考下农民为什么有这么多“抱怨”。其次，站在农民的角度看待合作医疗中一些规定是否合理。就如农民自己所说，“能有几个人、几个家庭拿得出那么多钱先自

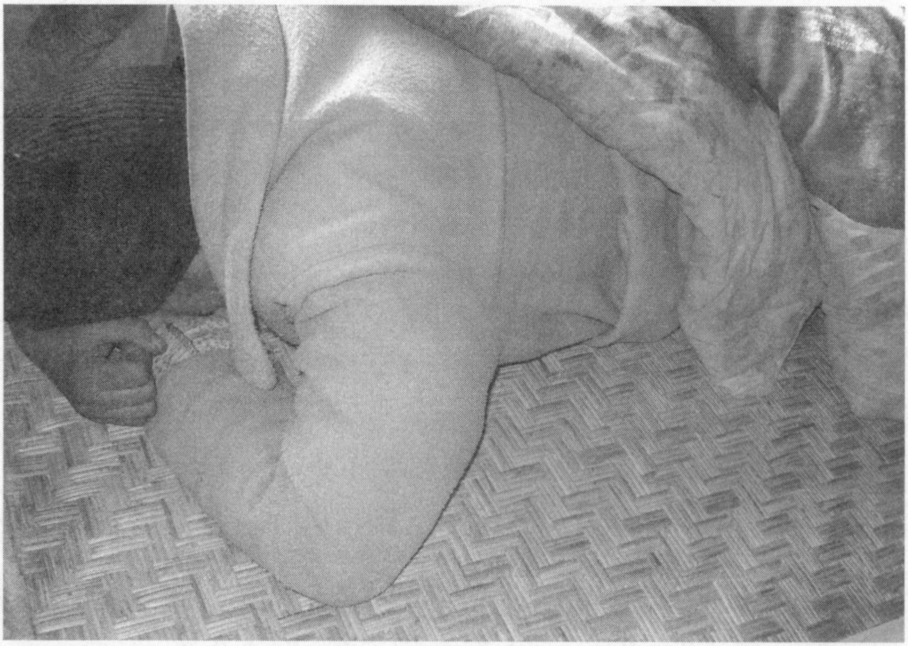

己垫付住院治疗费，之后再去报销（最高只能报销50%）？”再就是，农民早已习惯不管小病大病先自己买点儿药吃，要不就是先找乡村大夫看病，有几个农民动不动就上大医院去诊断、去治疗？除非实在病重得没有了法子才进城去医院看病，也是能不住院就不住院，毕竟他们多数花不起那么多钱。况且有许多农民家庭根本没有钱先上医院看病，由此也就只能空望着加入了一个合作医疗，而不能得到有病就治疗的保障。

因此，农村合作医疗制度的设计是不是有问题？是不是符合大多数农民的实际看病就医的需要？就此问题要不要听取更多农民的意见？

有关部门不能只看一些新闻报道说哪个农民生了大病得到了多少多少报销，得到报销的农民一个劲地夸赞合作医疗好。更要多听听，多深入农村了解那些参加了合作医疗，吃药看病依然是自己花钱的多数农民对合作医疗的意见与看法，也不妨听听农民的“骂声”。只有这样才知道这个制度中的缺陷，才能把国家出了大头的农村合作医疗惠民政策真正落到实处——让农民真正享受到合作医疗的好处，让农民真正不再看病难，让国家花的钱不要付诸东流，也不要白白浪费了纳税人的钱。

# 4月10日

## 要彻底解救童工就要先解除贫困

解救孩子固然重要，但在解救童工时一定要认真调查，造成这些未成年孩子成为童工的真正原因是什么。我想解决这个问题要比解救孩子更为深远。孩子们被劳役是非法的，孩子们是可怜的，但是童工也不全是被骗来的。

看到东莞童工事件的报道，我并没有感到太多惊讶。我就说说在帮扶“万村行”中所遇到的一些实事吧，我想这些可以从另一个角度告诉人们童工问题出现的原因。

东莞童工事件中的童工大多都是来自四川凉山彝族州，我就从凉山来说起吧。我在去年11月初进入了凉山州，住在一个小镇的客栈里。晚上在与客栈老板聊天时得知他也是一位彝族农民。当他得知我是在做农民帮扶工作时，他马上提出让我帮他的孩子在上海找份工作。我问他的孩子多大了，他说明年初中毕业。我问那为什么不让孩子继续上高中呢？他告诉我一个非常现实的问题，读高中一年学费、生活费加住宿费至少就得6000元，这个数字他全家人两年不吃不喝才可以攒得出来。这还是一个住在乡镇边上交通比较便利的家庭，山区就更不用说了。可是现在的孩子初中毕业大多都还不到18周岁，多数都是十五六岁。

在贵州我所到过的许多农村，有许多孩子多数初中都没有毕业，为了外出打工就去搞一张假毕业证，随外出务工大军向全国各地进发了。广东省自然是他们去得最多的地方之一。这些孩子大多都是未成年，可他们以不同方式进入了二、三产业，女孩有的进入服务行业，男孩多数进入工厂。很少有人把他们当成童工看待。但实际他们就是童工，换句话说，童工们早已就出现了。

出现童工问题的主要原因之一就是贫穷。

贫穷让这些本应继续接受教育的孩子走上了童工之路。童工工头也是由此应运而生，童工工头们固然是可恶，但是只要我们了解到这些童工背后的问题，我们反过来还要“感激”这些童工工头。当然这里说的是那些有良心的工头们。正是因为他们，这群生活在极度困难家庭里的孩子才得以走出大山，走进工厂。有些孩子还真的为家庭承担起了脱贫的重担，有些孩子或多或少地还为弟弟妹妹提供了继续读书的学费以及在学校的生活费。

此外，我们在谴责童工工头、谴责使用童工工厂的同时，更应该反思，是什么让这些孩子走上了童工之路？难道都是拐骗吗？前边已经描述过的一些事实可以证明，童工的出现不全是昧着良心的工头拐骗。

当报道了童工问题后地方有关部门就积极“行动”了起来，展开积极解救行动了。但是，有关部门的相关人员，你们把手放在自己的胸口上摸一摸，先问问自己，在童工问题没有被报道出来时，难道你们真的就不知道本地区的未成年孩子外出“打工”这个事实吗？当问题暴露出来了，你们“积极行动”起来了。

当然解救总比不解救好，那么请问，你们把这些孩子解救回去又该如何安置呢？就是让他们回校读书，高中的费用由谁来承担？或者交由父母、家人就算解救了？我想与其这样“解救”还不如认真与企业管理者协商减轻孩子们的劳动强度，缩短工时，提高福利与生活标准，让这些孩子在“工作”中学习（学习到一技之长），在学习中逐步成长。这也许不失为一种不是办法的办法。如果有更好的安置方式，自然就另当别论了。

否则这种“强迫性”解救，只能加重这些孩子的精神压力，回到家中他们贫困的生活依旧，反而还失去了可以贴补家用的一点儿经济来源。

真正的解救，还是要从“解救”贫困入手。

# 4月15日

## 一个外来农民省去了午饭

“现在粮食价格涨得很厉害，菜和肉就更是贵得吃不起。我挣的都是很零碎的钱，也没有个保证。农民离开农村后吃饭就得要花钱，出门在外能省就省点。我们农村人耐饿，就是饿了也能忍一忍，忍到晚上回去自己做着吃要省很多，在外面一碗面就得三四块钱，一碗还吃不饱，花钱就太费了。”

说完这些话，他喉结不由自主地鼓起落下，咽下了一口口水。

这是今天上午10点多，我在扬州市西湖镇胡场村的乡间马路上遇到的一位外来农民跟我说起的一番话。起初是他的一辆“装备”特殊的车引起了我的好奇，刚好他在拐弯时发现车胎气不足停了下来。我疾步上前与他打招呼。

他姓李，是江苏泗阳人，在扬州依靠走村串巷给农民修理一些小型农具，如喷雾器之类的东西为生。他从事这个行业已经10多年了。他有两个孩子，老大今年16岁，老二也已上了初中，两个孩子一直在外婆家生活。农忙时他回家收收小麦、随后给水稻插秧，干完这些农活他又得赶紧回到扬州继续他的“工作”。

在这里要特别提一下他的妻子。我们相互介绍后，我就问起他妻子是否和他在一起。我忽然想起前些天网络上人们在谈论的民工的“性福”问题。这一问不要紧，却问到了他的痛处。

他先是低了下头，之后慢慢地抬起头叹了口气，又看了看远处，这才转回头对我说："我小的孩子三岁时，她就不在了。那时生活太紧张，我又没有个手艺什么的，两个孩子吃的、穿的都不如人，更别提给她买件像样的衣服了。可能是这样的日子过得太苦太苦了，她又很好强，又要面子。可孩子小，她也出不了门去打工。她心烦时总对我嚷嚷，我心里总觉有愧，没有和她吵架，但有一天我不知道她因为什么就喝了农药了……"

我感到很尴尬就赶紧说："那你老丈人家对你是很好的，他们还帮你带孩子。"

"是，他们没有埋怨我。要不是他们帮我带孩子，我现在就出不来，也挣不到钱，孩子上学和吃穿用就没有办法了。还好，家里还有地种，吃饭不用买粮食。可现在化肥也贵得不得了，今年比去年又涨了一倍。其实现在所有种地用的肥料、农药样样都涨了，种地实在是往里赔钱，要不是为了小孩吃饭，就不种它了。可我现在挣钱也更难了。修理的零件也涨价，可给他们（农民）修理了，他们还是按照以前的老价钱付给我，我怎么说他们都不愿多给一毛钱。没办法，都是老主顾了，少挣点就算了，

有的甚至还要赔钱。”

“你现在没有再成个家？”

“成什么？就是能再娶上也可能对小孩不好。结婚已经就是这么一档子事了，万一再搞不好那不更麻烦。自那以后我就没有再想过这事了。就这样一天转悠将近百十里路，不等天黑就已经腰酸背痛了，回去都是天黑得很了，我胡乱煮点儿米吃吃就睡了。”

“你干这个活，每天中午怎么吃饭？”

“中午从来就不吃饭。我一般都是早晨五六点起床，头天要是出汗了，就把衣服洗洗挂出去。然后就赶紧弄早饭吃，一般都是头天晚上我都多煮点儿，早晨热热剩饭一吃就出门。出门骑一两个小时的车，就开始往头天没有去过的村里去。就这样一个村一个村转，有时一天也碰不到几户人家有东西要修，这一天也就算是白辛苦了。有时回去还要去菜场捡最便宜的菜买点儿。肉是不敢经常吃，累得实在不行的那几天，就买一两斤肉回来，切切蒸米饭里，再煮个菜汤，这样就很好了。我一个人嘛，还要吃多好？这 10 多年就一直是这样。每天几乎都是重复头一天，都差不多，没有什么大变化。要说变化我只能说，这么多年下来这里大大小小的村子我都熟悉了，人也熟悉了。熟悉也好也不好，人都说生意上宰熟人，可我不但不会宰熟人，反而是有时修理了没有用零件他们就不给我钱。我也就只好帮他们免费修理。”

“那你一个月下来能挣到多少钱呢？你这样长期中午饿着会把身体搞垮的。你一天吃饭好像用不了多少钱，一天一天这么过来，你不成家不觉得苦啊？”

“冬天、农闲时就没有生意了，我就转着帮修房子的干小活，拉土、打地基什么的。到来年开始，地里农活忙起来我就又开始干修理，平均每月下来也能挣到个一千块钱左右。除去我吃饭、租房的钱，一年也能落下三四千块。可回去给孩子买点衣服、交过学费后，剩下还不够买化肥、种子、农药什么的。我还要留几百块钱的本钱，要进点零件什么的。”

“都是人，不苦那是假话。可这样苦过来了也就不觉得有什么了。我每天过得很简单，吃饭也简单，一天早一顿晚一顿，基本也形成规律了。没有菜吃了晚上就早些回来，我住的那边有个菜场，一般我都买收摊的菜，比较便宜，我就捡便宜的多买点儿，能放住的就放着，放不住的就炒了或者用盐腌腌，这样能多吃几天。回去就煮米饭，边煮饭边添些缺了的零件。吃完我就睡觉，也没有电视看，这也省电钱（笑）。早饭也就在七点前吃完了，因为一天路长，要早出门。在村子里转一上午，到人家吃午饭时我就去赶路，估摸着人家午饭吃完，我也就到下一个村子了。有时也经常碰见人家吃中午饭，我不饿，可也觉得还是想吃。唉！人可能也就是这样的，看见别人吃，就会馋吧（笑）？到了下午浑身就疲惫得很，可一有要修的东西也就精神了，多少也能挣到点钱了。就这样简单地循环着，10多年也过来了。为了孩子，其他我也不去想。一天下来累得我都想着倒在路边就睡……”

“你干这个小农具修理，都是上门到人家当地给人修理，这么多年里有没有碰到欺负你是外来的，耍赖皮不给钱的人？”

“有啊！尤其刚开始那几年，给人家修完，人家就找各种借口不给我钱，还要赔他们钱，我只好认栽了。现在社会上什么人都有，复杂得很。不过现在熟悉了，就好多了。”

# 4月18日

## 谁为外来农民的意外损失买单?

天空中飘着鹅毛大雪，地上白雪皑皑，雪中的白鹅被映衬的煞是婀娜多姿。置身其外看景致的人们，看到这一切可能会大发赞叹，然而这对养鹅农户却意味着一场灾难的降临。

来自江苏连云港市农村的农民王大哥，去年在扬州市东湖镇胡场村水稻收割后，开始利用农闲地养鹅创收。购买鹅苗、购买饲料，搭设简易的塑料窝棚用来居住与存放饲料，一切都是那么顺利。他心里开始盘算着，这一茬鹅在春节前出栏，那样他就可以有一个比打工要好得多的收入，回家也能过一个欢乐祥和的年。白天他与妻子在邻近闲置的稻田、养鱼的水塘里放养鹅，脚不停歇地赶着鹅换地方去吃草，下午还要给鹅增加饲料喂养。两个人一天忙下来就已经是疲惫不堪了，由于临时塑料窝棚没有电，他们还要赶在天黑前吃完晚饭，到了夜里还要分头看护鹅圈（用塑料网布围起的简易圈舍）。他们分头蜷缩在塑料搭起的窝棚里，夜里还要警惕地时时注意周围的动静，尽管这里治安很好，但也怕有人闯进来偷盗。如此这般虽然很辛苦，但他们却不觉得累。看着鹅苗由幼雏到羽毛丰满的大白鹅，他们心中无比的喜悦与欢快。

“农民做点儿什么都不容易，我们还算比较好的，不养鹅时还有个手艺，我可以做瓦工、给人盖房子。虽是辛苦点还算能过得去吧。可我们这一次养鹅不但挣不来钱，还要赔两万多块。”

听王大哥这么一说，我感到很不解，就问他为什么会这样。现在农产品的价格，猪、鸡、鸭、鹅等都在随着市场而涨价，难道你养的鹅有什么问题吗？他叹了口气，一边赶鹅一边对我说："你可能不知道，去年冬天南方气温是这么多年以来最低的。我们根本就不知道会赶上这样一个年份，我们在这个荒天野地里的，没有电视看，也顾不上回家或者进城，根本不知道会有那么冷的天气，更别提有个提防了，我们都是按照以前的习惯来养，就没有给鹅修什么圈舍，结果眼看着就要出售了，这里却突然下起了大雪，一下子就活活把鹅冻死了一半。"

说到这里，他低下头，默默地赶着鹅不再往下说了。我从侧面看时，他一脸凝重。就这样过了好一会儿，还是他打破了沉默。

"我们农民如果多少能得到一点儿及时的信息，或者有谁来告诉我一声天要降这么大的温，我也不会损失这么惨啊！可是我们这些外来农民，没有人过问。要是有人过问，也不会是什么好事，好事绝对不会落到我们头上。"

"就在去年冬天的一天夜里，我们人捂着大被子都觉得冻得要死。天刚亮我跑到鹅圈一看，就傻了！一多半鹅都僵死在那里了。那时我真是哭也哭不出来，只能叫老天开眼啊！可那时老天也不睁眼看我们农民的不容易啊！"

"今年我还想着再养一茬可以补回点儿损失，但饲料又涨价了。混合饲料涨都不敢买了，玉米也涨到一块钱了。不喂饲料鹅长不大，分量不够人家市场上零售的人不要。可饲料又这么贵，算下来又刚好够本不赚钱。今年这一茬还得了一场瘟疫又死了许多小苗，一只小鹅苗七八块钱，这 1000 多只死了 300 多，喂饲料钱还不算，光是小苗钱又赔了几千块。"

我问他："雪灾后国家都对农民受到的损失给予补助，你没有申请补助吗？"

"有吗？我都不知道有这些事情，再说我一个外来农民，在这周围就我们一户养鹅的，没有人管你有没有损失。损失了也只有自己扛着。我去哪里申请补助啊？门都找不到。不想那些了，这都是命。命好了就能挣到钱，命不好你做什么就赔什么。"

我对这位王大哥说，现在国家政策对农民发展很重视，也很好。你不能再用认命这种消极的思维方式了。他听后笑了，笑得是那么苦涩。

“农民在本地都很难知道多少，更何况我们不在自己老家，来到外地只要人家不给我们找事，我们就非常感激了。我们整天围着个鹅转，什么信息也不知道，国家政策再好我们不知道也白搭，谁来给我们传达？什么方式不方式，自己想办法解决，能办到的就办，办不到的就不去想，这最实际了，这个老师你说是不是？养鹅损失了就认了，今年人家的地也要开始种水稻了，也没有地方养了。我把今年这一批卖完后也就出去干建筑活儿，在建筑活上再往回补损失吧。农民出门在外，做点儿什么都不容易，最大的愿望就是不招事，也不想着有谁来给点什么好处，祖辈都这么过来的。”

说到这里，他脸上好像轻松了许多，也正在这时一位上门来买鹅的客人结束了我们的对话。

也很巧就在前天，这个村的另一个村民小组有一位来自安徽淮北的农民，在去年冬天下雪骑车时不慎摔倒把一条腿摔骨折了。我见到他时，他正拄着双拐在农田里艰难地翻着土。我看到后就走过去与他交谈。我问他腿这样怎么还要干这么重的农活？他抬起头来先是打量了我好一会儿，之后才说：“腿是去年冬天下雪那几天我骑自行车摔骨折了。地里的

活我不干没有人帮我干啊，就要下种了，我躺不住啊！”

“您种多少地？是种水稻吗？”我又问这位已年近60的老人。

“我承包人家的地种，总共20多亩，我不是本地人，是安徽淮北人。”

“那您加入农村合作医疗了吗？您这腿伤了，能报销吗？”

“没有，我们常年在外，家里也很少回去，加入那个没有用。像我出这个事都是意想不到的。农民又没有个什么组织，出来了就成了野人、散人，谁还会管你有事没事。只要你不犯法，就不会有人知道你生老病死。农民又不像工人还有个工厂。就是有个公司，只要老板不好，你生病、出事故什么的，也照样还是不会管你。”

“承包了人家地，我不种，租金还要照样付给人家。我现在好点了，自己能下地走动走动，就赶紧干着。虽不敢出力太大，但还是能干一点儿，能干就不敢停下来……”

今天，当我离开那位养鹅的外来农民王大哥时，想起了前天见到的这位承包种地的安徽老人。虽然他们各自都承受着不同的损失与灾难，但是他们都面临着一个相同的问题，这就是：外来农民遇到了天灾、人祸的灾难后，该有谁来为他们买单？有谁来为他们提供生产、生活的最基本保障？

# 4月21日

## 农民工的10年创业梦

“穷农民，什么贷款、借钱就别想了！大眼瞪小眼，眼睁睁看着有些买卖能做却没有本钱，只能在那里伤心流泪。我经常说的一句话，就是人家孟姜女哭长城也都能哭倒一两截，可我们就是把眼睛哭瞎了，也不会有人把钱借给你、贷给你！你去问问，一个没有门子和关系的人户，看哪个能把钱贷得到？能贷到款的人，最少的也有七拐八拐的关系在里头！一个平头老百姓，你去贷点买化肥的钱，都难得很，就是贷到了也要遭人家好多白眼……”

热情的女主人让我坐下聊一会儿，我也就不客气地坐下来与他们夫妻交谈了起来。

我问他们是不是重庆人。熟食摊做了多长时间了。男主人很是自信地对我说：“正宗重庆人！重庆大足县，就是那个很有名的大足石刻的县。这个摊摊，我才做起七个月。”

说话间就有顾客来买他的“重庆香酥鸡”了，夫妻俩很是熟练地为顾客过秤、斩切、调制。我注意到他们使用的刀具很特别，切起肉来毫不费劲，很像我以前在重庆时见过的有名的“大足龙水刀”，一问果然便是。当他们送走一拨顾客后，女主人又和我聊了起来。

“农民做点什么都不容易，主要是没有资金。我老公最早就是做小买卖的，就是你刚才说到的大足龙水刀，他刚好就是卖那个的。后来假的龙水刀太多，真的龙水刀反而卖不上价钱，结果买卖做赔了，欠下亲戚好几千块钱。那时几千块就像现在的 10 多万，把人愁都愁死了。没得办法，我们就一起跑广东去打工。刚到广东时有好长时间还找不到合适工作，找到的工作每月就是四五百块钱，攒不下来几个钱给人家还债。那时好几年都不敢回家，见不到我们娃儿好难过。那时娃儿还小，多是与爷爷、婆婆在一起。我们天天就是想着多挣钱，可怎么换工作工资都差不多，就是那么一点儿，年年都攒不下多少钱。唉！过了好多年才回了趟家，我们娃儿都认不出我们是他爸爸妈妈了，那时我心里好难过好难过……农民怎么苦也不会攒出做买卖的本钱来。”

男主人忙完后也走了过来，听到我们的对话，他苦笑着说："还好，在广东也学了些技术，要不扬州老板怎么会请我到他们厂头来做技术工人？我们就这样到了扬州，工资也给得高了些，在扬州干了六年多了。在扬州这边毕竟是老板挖人才把我从广州挖过来的，比起在广东要好得多了。

“想起在广东那些年，就觉得民工活得太不像人了。挣钱少、厂里

又没得职工家属宿舍，我们两口子还像个……要到一起还要花 10 多块钱去开房间。挣的钱太少，也不敢外头租房，各自住在厂里少花点钱。干活时间长不说了，可我们却不能像正常夫妻一样在一起。有时心里那个难受，不想就算了，一想就觉得我们农民出来打工，有时就不像个人。我们累死累活的一天干 10 多个小时下来，还拿不到多少钱，夫妻俩人还要分居着，实在是苦得很。”

“刚到广东那时，啥子都不懂，只要有厂子要，我们就高兴地进去了。可有些厂的老板心黑得不得了！他们就恨不能把你骨头榨干。后来慢慢就知道哪些厂可以进，哪些厂不能去。这也是社会经验多了，吃亏多了长见识了。但不管我们有多少见识，也只能给人家打工，自己要想做点啥子，可不是那么容易的，主要是没有本钱。”

“打工的农民里头能人、有本事的人好多，但大多数都是没有本钱，受逼迫的才给人家打工。要是国家能像给那些老板贷款那样也贷款给我们，不说贷好多，就是有个小本钱也就可以做起个小买卖了，农民的日子也就好过多了。我一直都想不明白，为啥子国家就要把农民和老板区分开来？我们在广东打工时，有些老板的钱全部都是从银行贷来的。当然了，虽说不能人人都做老板，可也不能不平等啊。”

他们夫妻的一番话给我触动太大了。是啊，许多农民并不是只有打工的能力，他们中许多人也很有做生意的头脑和能力，打工都是出于无奈。就像这对夫妻，在外东奔西跑 10 多年，才攒下了一点可以支撑他们做起一点儿小买卖的本钱，才如愿做起了一个小小的老板。尽管他们还不敢把很有特色的香酥鸡拿到比较繁华的扬州市区去卖，但他们在这个远离市区的郊区小道旁，也已经有了一个比较稳定的顾客群与销售量了。

农民打工不易，自谋职业不易，创业就更不易。如果能在许多方面给农民以公平，那么农村、农民的发展就会更快些。当我对他们夫妻说起这些话时，女主人快人快语，把我的话接了过去：“农民干啥子容易啊？农民一出门就没得根基了，能在一个地方站住脚就已经很不容易了。我们在扬州已经有七八年了，以前我们就在这个镇上的玩具厂打工，人比较熟悉了，10 多年了，才攒了点儿本钱自己做。我老公去年才回重庆学的这个手艺，才在这个村子租了这个小房子开起这个店。可不敢到处乱跑，我们也想过去市里卖，可市区租房子很贵，办手续也得要好多钱。现在只要动一下就得花钱，花了那些钱就没得本钱做了。谁不想把生意做大做得更好啊？可没得办法！就只能在这里一点点慢慢做了。在这里办证，到镇上方便也没得那么多麻烦，我们就先在这里干一段时间，看买卖好了多点本钱再说吧。”

重庆人真如重庆人所言——耿直，说话快言快语、不藏不掖。同时他们也道出了农民在外打工的不易、创业更是不易的苦水。他们的难处、疑惑、无奈，也代表了许多外出务工、经商的农民所遇到的困难。这对夫妻，个头儿都很小，可他们身上那份刚毅与耿直的秉性让我感到很是敬重。

# 4月22日

## 失去劳动能力的农村老人们就该走上街头卖艺?

一拐弯，我就看见眼前有几位年纪比较大、背着塑料编织袋包裹的人在大街上走来走去,像是在寻找什么。直觉告诉我他们一定是来自外乡，着装也很像来自边远乡村的农民。我紧走几步赶上他们。当我看到他们行囊里露出乐器状的东西，就询问他们是不是到扬州搞文艺演出的。他们一行五人，其中一位 60 多岁老人开口对我说 :“唉！搞什么演出，就是要饭嘞！”我赶紧向他们说明我的“工作”，“大爷，我是了解农民的生活情况和农民发展状况的，专门是做帮助农民的工作。看您们好像是从农村来，我就想了解了解您们的情况。”这位大爷有些警惕地上下打量我一番，才对我说 :“哦，你是个好人啊！我们是从安徽蚌埠来的，我们想找到个卖吃的的地方，哦，不是，我们就想找个卖馒头的地方，找了一晌午就是找不到。你知道哪里有卖馒头的吗？”

我这才知道他们转悠来转悠去是要买馒头吃。刚好在我临时住地不远处就有家山东人开的馒头店，离这里也不远，我就放弃了去郊区农村的计划，带着他们去买馒头。这之间大约有一公里多路，他们对我很是信任，跟随我一起走。我和其中一位老人聊天，我问他们几位是否都是一起的。老人点了点头说都是一个村的,我又问他为什么要专门买馒头?老人面有难色地说 :“出门了，靠唱点地方小曲要吃的，买个馒头吃一口垫垫肚子就可以了，其他不敢去吃也吃不起啊！我们一路从火车站走过来,路上没有看到一家卖馒头的,我们已经走了 10 多里路了。也不敢问人，怕人家欺负我们，我们自己路上问了几家饭店（餐馆）都没有卖馒头的，你真是个好人，还帮我们带路。”

边走边聊天，我仔细观察了其他几个人，其中还有一个十三四岁的小女孩，小女孩已经满脸疲惫，走路的姿势让人感到有些不对劲儿，起初我以为她是累了，就不好好走路。可走了好长一段路我才发现她还是那样。我仔细看才发现她是一个腿有些跛的残疾女孩。她身后也背着一个不小的编织袋，走在几位老人的后边，一摇一晃行动十分吃力。

就在我看小女孩时，另一位年纪更大些的老人以为我是嫌她走得慢，就回头对小女孩说："走快些，有馒头吃了。”

小女孩一听有馒头吃了，眼睛猛地亮了许多，也加快了脚步。但当走出有几十米，在拐弯时，小女孩又恢复原状，垂着头一摇一晃地放慢了脚步。时间已经到下午将近两点，可怜的小女孩已经很饿了，再加上她身体还是残疾的，本来行走就很吃力。我原本想着稍微走在前一点儿，意在给他们带路，就放慢了些脚步对那位老人说："不要催孩子了，从扬州火车站走到邗江大润发至少也是将近20里路，我看孩子身体好像还有些残疾，您就不要催孩子，我们走慢点儿，等等孩子一起走，前边也不远了。”

再拐过一个弯就看见馒头店了，我急忙用手指给他们看并招呼："你们看，就在前边那里。”两位老人忙加快脚步奔向那里，小女孩也仿佛看到了希望似的蹦跳着赶上了我们，紧紧跟在后面……

我走到馒头店对卖馒头的姑娘说，他们要买一些馒头，你先拿一个让他们看下，是不是他们喜欢吃的那一种。姑娘看着我与我身后的几个人愣了一下，反应过来后就急忙从馒头箱里拿出一个给老人看，老人看后就忙点头："是嘞是嘞……”

两位老人为买几个馒头还商量了一会儿，最后确定每人两个。一行人包括小女孩一共五个人，他们决定买10个。当卖馒头的女孩装好馒头提着要交给他们时，半天把手举在那里不能落下也不能收回。我回头一看，原来是稍微年轻点的老人从内衣兜里很是吃力地取出一卷毛票，都是五毛、一毛的。他一张一张极其认真地在那里数着。我赶紧掏出钱要帮他们付，但被老人拒绝了。一个馒头五毛钱，10个馒头就是五块钱。老人在那里低头数钱的动作让我心颤，心酸……

他手中的钱没有一张是一元的……

就在他把钱交给卖馒头的姑娘后，她接过钱数完后还差一毛。

小女孩当场就要吃，却被她爷爷拦住了，“不行，等你那两个爷爷来了再一起吃。”

她紧紧盯着馒头袋子不停地噘嘴、咽口水。

离开馒头店，老人回过头有些很不自在地对我说：“谢谢你了，你把我们带到这里都耽误你工作了。很感谢你了！”

我问老人是蚌埠哪里人。他放下肩头上的包裹，很是小心地拿出一个小塑料夹，从里边取出他的很是“古老”的 1987 年签发的临时身份证。我赶紧拿出笔记了下来：蚌埠时固镇县濠城乡邢圩村，许加生。老人临别时与我说：“我们那里现在粮食够吃，就是缺钱用，老了没有个其他营生，但没钱用怎么得行？可我们年纪大了，没法去挣了，几个人凑到一起出来也还是个‘要点饭’吃。你有空可以到我们那里去，我们欢迎你去看看我们农村人，日子过得还是很惭愧。”

我问老人晚上住哪里。老人指了指身后的大编织袋说："这里装的是被子，晚上我们就睡到避风雨的地下通道，找不到就睡在商店门口房檐下边。这些天晚上就是冷点，不过扬州比南通还暖和一些。"

目送着他们离去，我的心情久久不能平静。这是我生平第一次这么近距离地接近卖艺的穷苦人。

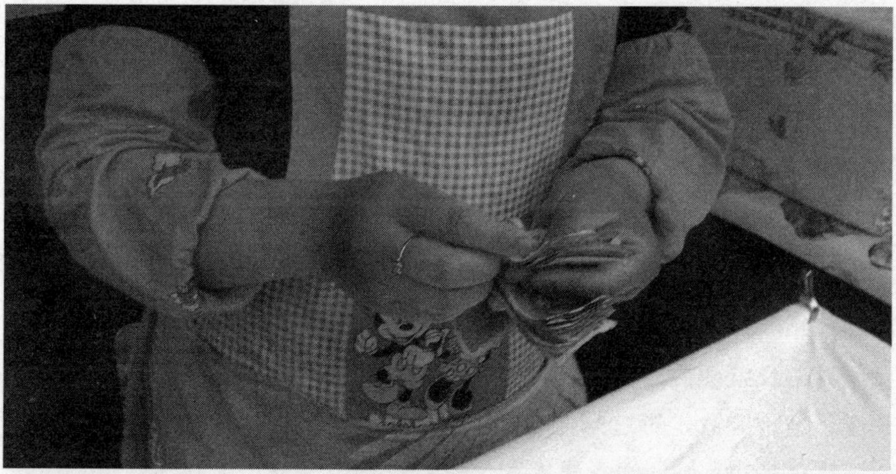

# 4月23日晚

## 与露宿街头老农深夜谈论国是

从农村回到市区后已是晚上，我又在住地的小巷口遇到了从安徽蚌埠来扬州的几位农村老人和那个小女孩。我看到他们的同时，他们也看到了我，我就赶忙向他们打招呼。老人们好像见到了认识已久的老朋友一样热情地向我走了过来，小女孩更是显得兴奋。此刻此景，我也感到心里热乎乎的，好似他乡遇故人一般亲切。

我问他们晚饭是否吃过。小女孩抢先说："吃了！吃的是面条，很好吃。"

知道他们已经吃过晚饭了，我宽心了不少。与此同时又一个问题浮现出我的心头，就是他们晚上睡在哪里？我便问老人们大家晚上住哪里。一位老人侧身给我指了指身后说："就在前边那里，昨晚我们就睡在那里，避风很好的了，也不冷的。"顺着老人指给我的地方看去，那里是一个屋檐的拐角处，屋檐正好也可以遮挡雨淋，拐角可以避避风。

我匆匆回到住地，放下背包又返回秋雨路找他们，路上顺便买了些馒头和点心带给小女孩。

远远地看见四位老人坐在秋雨路上店铺前的台阶上，表情木然，谁也不说话。他们见我又来了，表现出高兴的神色，纷纷抬手招呼我过去坐。

我和老人们围坐在台阶上交谈。原来他们昨天与我分别后，就没有走远，一直在这附近转。这条秋雨路也是近期才扩宽的，马路两边的店铺都是重新装修与开张，还有许多未出租的商铺。老人们就在一些新开张的店铺前，以唱小曲祝福开业大吉来换取人们的一点零散钱。由于昨天我们已经认识，彼此都比较熟悉了，老人们也少了许多顾忌，开始对我讲他们这样出来“乞讨”的原因。

“我们出来这样讨饭吃，其实是没有办法的办法。我们年纪这么大了，不能再干个什么了。这位同志，你说我们农村人难道就不知道什么叫体面吗？我们心里都明白道理，可光明白道理不能解决肚子要吃饭问题。现在农村问题很多，你是没有到过我们那里去，如果你去了农民都会对你反映他们心里的问题，他们都想把我们现在的困难说说，希望上边能帮我们农民解决好，现在上边领导人都很好的。我们也看电视，大家都知道。可下边的就不好说了，农民是没办法。”

“就拿土地来说吧，现在看前几年那个稳定承包的政策，就有许多不合理的地方了，需要上边好好改改了。承包地是我们那里农民反映最大的事情。你看，土地承包以后生下的那一群孩子在农村都没有地种，没有地就等于他们没有个吃饭处。他们大了也要吃饭，还有要结婚要生

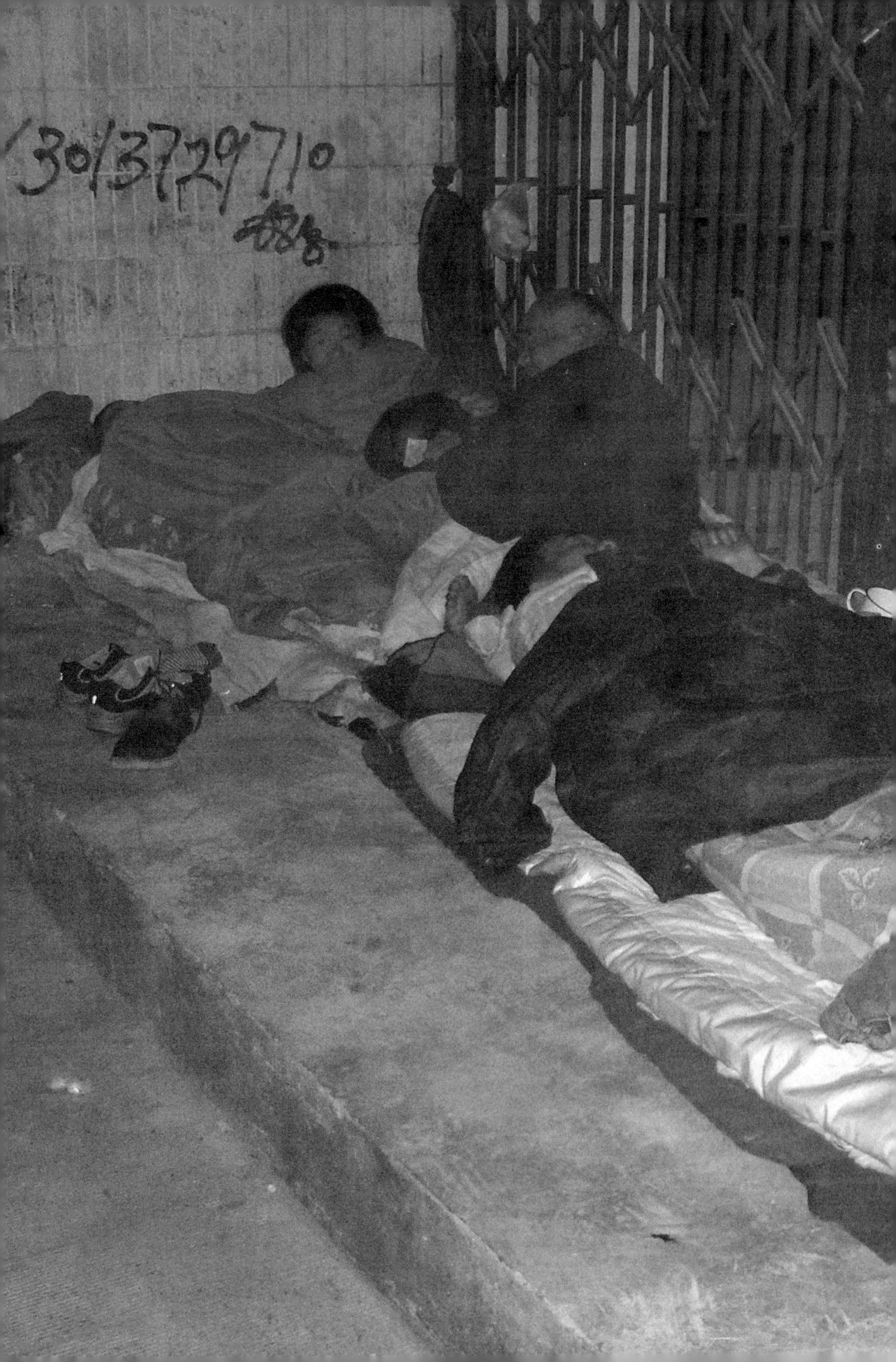

孩子。可他们都没有土地，这些事情怎么解决？总不能喝西北风去吧？出门去打工，农村人打工就那么容易啊？城里的大学生现在找工作都难，你一个没有多少文化的农村人……唉，总之呀，农村人还是很难。”

“有些农村家里真的吃饭都有困难，再加上我们那里还经常会有水灾。出门更是艰难，挣不到几个钱。还有些干脆就找不到工作，出去回来，回来在家不行又出去，来来去去折腾的路费都花不少。本来生活就紧张，没有多少钱，再加上没有地种粮食也紧巴巴的，这样来来回回把个买面粉的钱都给花路上去了。”

“你有时间可以到我们那里去考察考察，帮我们农民反映反映。国家政策是好的，国家想法是好的。这个我们农民都知道，不要看我们没有文化，可是几十年土地承包政策不变现在看来是有问题的。有些人家承包地时人多，现在人减少了；有些人家承包地时人少，可现在人增加了，让这些增加了人口的人家怎么解决吃饭问题？农民没有地种就等于什么都没有了，可现在政策把地稳定下来不变，就让这些人多地少人家没有饭吃，这哪里行呢？我们想国家那时制定政策时可能没有考虑到这些，但是现在有问题了就要帮我们农民解决啊！谁都知道规定是死的，人可是活的。不合适就得要调整，可我们这些老农民说话没有人听得到，只好出来自己要饭吃，不能在家里等到挨饿的时候再出来吧？万一到那时候想出来也走不动了。”

70 多岁的邢大爷一口气说了这些，我发现他情绪已经有些激动。我忙安慰他说：“大叔，您说的这个问题我在做帮扶‘万村行’中许多农民都提到了，但是那些大多数都是偏远山区，那里的农民意见还没有像您们这么强烈。在平原地区，土地产好量高，还有外出打工机会也多，信息也比较畅通，可我没有想到也存在这些问题。”

一旁年纪较轻点儿的老人说：“我们不急，可肚子不能等。肚子是要吃饭的，现在我们还能出来跑跑，讨口饭吃。到饭都讨不动的时候怎么办？我想农村人多，事情解决不了，问题可能就严重了。你是有文化的人，你说我说这个话在理不在理？农民是最好说话的人。只有吃饱了肚子，才有劲儿去搞新农村和经济，要不饿着肚皮哪里有力气精神去想其他的啊？你说农村那一群没有地的年轻人，在城里混不下去了，回到农村不说他们干不干地里活，单说他们娶媳妇生孩子，这都要吃饭要花钱。你说让他们吃谁的去？问题是没有土地种不出来那么多人的粮食。没有吃的，没有花的，急了还不去偷去抢去啊？这么着不成的，一定要帮我们农民反映反映。”

一位一直沉默不语的老人，在一旁不住地摇头，时不时地自言自语几句我听不懂的方言。与我刚才说完话的老人埋怨他说："你就是这么个性子，什么事情都不爱吭声，说说又不犯法。我们说的都是实话，现在国家领导人都爱听实话，我们又不会写，更见不到领导，可以告诉这个老师让他帮我向外发发啊！他不是在做帮我们农民的事情吗？这也是我们那里的农民最需要帮助的事情。我想国家还不知道农村现在这些情况。我们对这个老师说说，也许还会让国家知道呢。”

说完他又转过脸来对我说："现在搞新农村建设，就是要农民富起来，可没有地的农民怎么富起来？在天上去种粮食去？我认为那个转包方式不可取，都是农民，你家人少了，还占着地给人家转包，那是不合理的。地是集体的，在一个村的农民就应该不用出钱承包到。就算是家家都人口多了，村里地少不够包，那国家也要为这些出生晚、没有承包到地的孩子们考虑一个生活的出路。难道就这样看着他们不是去要饭就是饿死吗？”

这时，四位老人开始你一言我一语地说开了。在马路上散步的行人看到这几位土里土气的老人与我坐在马路边上谈论“国家大事”，他们很是好奇，纷纷驻足侧耳倾听。几位老人见有人“围观”，就好似有些拘束，渐渐地又把话声收拢了起来。我看时间也已经很晚了，站在一旁穿着单薄的小女孩有些发抖，只好提出告辞让他们“休息”。

# 4月23日

## 农民为得到被征用土地补偿金，只能走上街头抗议

扬州市邗江区蒋王镇余林村方桥组七户村民，从镇、区、市直到越级上访到省信访部门。可他们从 3 月起上访诉求的问题截至 4 月 21 日还没有得到解决。

21 日我吃过午饭，准备继续到扬州市郊农村考察。当我走到文昌西路，迎面走来一群穿着红色马甲的妇女。红马甲前边写着“还我公民权，还我生存权”，后边写着“土地被征用、分配不公道、权利被践踏”等字样。此外，他们还人手一份打印的材料，颇有些上街游行示威的架势。“土地被征用”字样明白地告诉我，她们一行人是农民，这就引起了我的关注。

看到这一情景，我脑海中第一个出现的是我帮扶“万村行”的目的。我到市郊不就是为了考察与了解这里农民的发展情况吗？想到这，我就迎上去，先向她们做了简要自我介绍，之后询问她们这样做的原因。她们大概把我当成了记者，指着衣服上的字样给我看，并表示很欢迎我的“采访”。我习惯性地取出相机，本来还顾虑她们会介意我拍照，没想到她们竟主动说让我多拍几张照片，其中一位妇女让我先拍前面衣服字样，再拍后面。拍照后，我从一位中年妇女手中接过一份材料迅速浏览了一遍，对她们为何要采取这种方式了解了个大概。

在那样的情形下我也无法对她们进行更深入的了解，就递上一张名片，并告诉她们：“我明天一早再去你们村做些了解，看看能否给你们一

些帮助。”她们听后非常高兴，几乎是异口同声地说 :“我们非常欢迎你去，感谢你。”有几位就给我讲从这里乘多少路车，到什么地方下车等，我一一地记了下来。

第二天早上还不到六点，我的手机就响了，原来是昨天遇到的蒋王镇村民打过来的。他们说已经让人到邗江大润发店前来接我了，我放下电话赶快起床洗漱。当我到了约定地点后，已经有两位村民站在那里，其中一位妇女远远地就认出我来了，随后他们硬是要打车接我走。在车里，两位村民就开始向我说起昨天的事情来。

根据村民提供的材料上介绍 : 蒋王镇余林村方桥组村民尹兴林等七户人家，在土地二轮承包时就已落户到余林村方桥组，并与原有村民同样承包到了土地。10 多年来，村里的各项事务与农业税费，七户人家都与原住村民同样承担和缴纳。当近期余林村方桥组的土地被征用，开发商给予的土地出让补偿金划拨到村上后，却被村委会干部告知这七户人家不属于本村村民（蒋王镇余林村原住村民)，不得享有这次补偿金的分配。

为此这七户村民无法接受村委会与原住村民这个不公平的“村民决议”。由此，他们七户人家先后到镇信访办、区信访局，直至上访到省信访部门反映情况，要求给他们公平、合理的解决。在各级信访部门多次协调后，村委会依然告知这七户村民还是不能享有这次土地征用补偿金的分配。村委会干部的最后一个理由是:钱已经分下去了,是收不回来的。就是要给你们七户补偿分配，那也只能等到下次再征用土地后，给你们七户人家一两折的补偿金。

七户村民得知村委会的这个“决定”后，非常气愤，这七户村民代表说 :“没人种地承担农业税费时，就认可我们了，现在要分钱了，就说我们是外来户了！”他们采取了走上扬州市区街头向路人与有关部门“示威”的方式，来维护、争取他们应该享有的合法、合理的权益。

来到这七户村民居住比较集中的方桥组时，这七户村民的家庭主要成员早已聚齐在一户村民家中等我的到来，他们九点钟还要去村委会与村干部继续商谈。因为材料里已经把相关事由介绍得比较清楚了，我直奔主题，开门见山地与几户村民确认与落实相关情况，之后我认真听了这七户村民代表的意见，了解到他们的心情与愿望。

“我们几家人，虽然在他们原来的老村民看来是外来户，可我们是1994 年前后就全家迁入到这里来的。我们来时，这里的农民大多数都不愿种地了，有些地都开始撂荒了。他们知道我们是来这里种地的，就很欢迎我们迁户口进来，进来后就给我们分配了承包地。我们七户人家就开始在这个村里种地、纳粮、缴税，特别是我们还承担了这个村许多老村民不愿种的地。按照种地承担更多的农业责任说，我们这 10 多年以来才是这个村真正的农民呢。现在土地被征用了，分配土地补偿金时却没有我们的份。你说世上哪有这样的道理啊？”

七户村民代表你一言我一语，诉说他们所受到的不平等待遇。我明白了他们上街游行示威的诉求后，先让他们安静下来，并给他们讲维护自己的合理、合法的权益，也需要通过正常途径来协商解决。

从法理上说，只要户口是在征用土地之前就在本村的村民，就已经是合法的本村村民了，至于“外来户”的说法，只是人们传统里的一个固有的观念而已，不能以此来剥夺合法村民享有的权益。原住村民说你们是“外来户”，那只能是从感情上去说，但不能用感情来处理法定事务，更不能以此来处理征用土地补偿分配的问题。

我劝他们说：“你们七户村民也要从长远角度来看待这件事情。首先要从感性角度来思量，我们七户来自比较偏远地区农村的农民，这里的原住村民毕竟给了我们在平原与经济条件较好的地方发展的一个机会（同意你们迁入本村），这一点上我们要有一个明白的认识。从这一点开始我们要依次往将来的发展想，例如我们自迁入扬州后，我们的下一代也得到了较好的教育与生活条件，也有了比在偏远地区好得多的发展机会。只有把自己的心态调整好，才能很好地去理解人家原住村民不愿分配给我们七户“外来户”补偿金的心情。只有换位思考，从情理入手，结合法理一步步来考虑，合情、合理、合法地维护自身权益，这样有利于问题的解决。”

“我也给大家讲一下我身边发生的一些事情，作为题外话提供给大家参考，这或许会对解决你们的问题有所帮助。在 2004、2005 年与我熟识的两位比较知名的企业总裁，他们所拥有的资产均在几十亿元以上，但是他们在这两年内先后都病逝了。病逝时其中一位是38岁，另一位是39岁。我举这个例子不是在说他们坏话，而是要告诉大家，人最为珍贵的是生命与健康，物质与财富再多也不能生带来死带去。因此，在争取物质利益时，不要采取过于极端的方式，不要不顾一切地与他人强硬争夺。当然，你们上访与上街游行都是出于维护自身合理的权益，但是我们在处理这些事情时，物质利益可以放到第二，从长计议，把发展与大多数村民感情放在首位。以此，我想你们也许能找出一个更为合情合理的办法，来与村委会干部们协商解决，这样可能会取得较为圆满的解决。就像我前边提到的例子，财富不等于健康与长寿。物质也许对我们目前是很重要，但是我们要考虑到本村原住村民，他们曾经慷慨地接纳了我们这七户外来村民，是他们给大家一个新的发展机会。同时也要考虑正是由于原住村民给我们提供这一机会，才使得我们逐步过上了今天较为富裕的生活，我们的子女将来也有了良好的发展契机，这样就能够理解和接受他们的看似不合情理更不合法理的‘决定’了。当然，我不是主张你们就完全放弃自己的权益。今天你们去和村委会干部交涉时，先再次郑重重申你们是本村的合法村民身份，之后再表明你们七户也并不是不通情理的人。只要你们主动提出一个让步，给村委会、信访办干部一个做原住村民思想工作的机会，就一定会取得一个比较满意的结果。”

我对七户村民代表说完以上三点之后，他们纷纷表示接受我的建议。一位村民说：“非常感谢你对我们讲了这么多道理，我们七户确实不是不讲理的人，我们这样到处上访与上街游行，并不是为了想要到多少钱，我们就是为了争口气。因为他们有些老村民（原住村民）说，如果让我们分到钱，他们就当我们孙子！他们把话说得太难听了，我们不这么争取，那我们不就成了他们的孙子了吗？这简直太欺负人了！他们的地没人种的时候欢迎我们进来，我们替他们种了地、承担了粮税，现在地被人家占用了，我们也没有地种了，但我们也要吃饭啊！到了分配补偿金时他们怎么能把我们排除在外呢？我们迁户进本村10多年，现在却成了‘外来户’！”

有一位女性村民说：“蔚老师，我们大家都听明白你刚才说的这些话的意思了。我们就按照你说的意思去和村委会干部谈，我们退让一步，让他们也好去做老村民（原住村民）工作。感谢你，真的很感谢你，蔚老师。如果给我们调解的干部都像你一样，一条一条给我们把这些道理讲明白了，我们还用这样到处去奔波上访、上街吗？……”

晚上，七户村民推选出的谈判代表给我短信：您好！听了您的意见与建议，上午谈了七折（补偿金全额是4000元），已成决定，多谢您的关心与帮助！

得知七户农民的事情得到圆满解决，我感到无比的欣慰！

# 5月1日

## 村官是影响农村良性发展的一个硬坎

今天是2008年的“五一劳动节”，我也想给身心疲惫的自己放个假。可我闭上眼睛却无法平静下来，眼前依然是一张张稚嫩的脸、一双双渴望减轻劳动强度，或者期待有人帮他们逃离出去的童工！我不由地思考这些问题的症结所在。随后，我又想到了一家家落后农村、贫困农家。渐渐地一个声音清晰地在我耳畔回响，并且越来越清晰越来越高亢……

“芝麻大点官都不算上，就学会贪了，还不是国家正式的干部都学会腐败了。小时在村里都是很乖的球娃子（在西北方言里，男孩小时候大多数人都会亲切地叫他们‘球娃子’），干个村干部就变成‘坏怂’了，自私得很！不知道这是社会风气坏了，还是他们狗日的骨子里就是坏怂，只是小时候没看出来？反正现在当一个破村干部就都成了贪官了，有丁点儿好处都不放过，先给自家捞够了，才给我们这些平头老百姓意思一下就算救济了。”

这是甘肃天水一位村民说的一段让我至今仍记忆犹新的话。当时他特意还告诉我：“蔚老师，你记下吧，我就是骂他们坏怂了，让他们找我来，我不怕他们。不管是多大多小的官，干上了，就得给老百姓办点实事好事才对，不能一门子心思想着往自己家捞好处，那还要你干个球？”

自帮扶“万村行”开始，第一站走人青海后，我听到农民说的最多的、意见最大的，就是反映村官的不是。当我走到甘肃、陕西、河南、安徽、江苏、浙江、贵州、云南等省的部分农村后，农民对村官各种不满意的声音，可谓不绝于耳，一浪高过一浪。不满意的原因可以归纳总结为以下四点：

1. 腐败。拉关系当上村官。巧立名目贪污国家下拨的扶贫、救济款项与物资。对此问题有意见的农民占85%左右。

2. 自私。国家下拨支农物资与资金、给农民的一些帮扶物资或者救济款项，自家先截留或者优先照顾本家族人，不管需要不需要都是先考虑自家人，不公道。对此问题有意见的农民占65%左右。

3. 没有能力。在其位不谋其政，不管村务，不为村民着想，拿着国家工资混日子。对此问题有意见的农民占50%左右。

4. 没文化，霸道。不仅没有能力带领村民建设新农村，还时不时以权力欺压村民。对此问题有意见的农民占40%左右。

以上四点，是农民反映最为强烈的问题。在我与农民交谈中了解到，不论是在西部还是在经济较为发达的地区，农民对整村发展经济的观念都在逐步提升，并希望自己村里出个好干部，能带领大伙共同发展。

而大多数农民的愿望都很朴素，只要当上官的（村干部）不只是想着给自己捞钱，还能公平、真心地为村里的发展与事务操心就可以。若有能力，就与村民们商量着把村里的困难户问题给解决好，把村里公共事情做好。再有能力就和大家伙商量着搞些项目，农业结构调整，搞些种植、养殖、加工等项目，带领着大家做。

可是，多数村官都无法让农民实现这么低、这么朴素而又诚恳的愿望。

现在许多农民都已经意识到，依靠单打独斗是发展不起来的。如今市场经济已经不是刚刚土地联产承包那时的情况了，那时每家都是种好自家田，吃饱自己肚，交过公家粮，家里还有满囤粮，不再有饥荒，白面白米顿顿上，这就是他们最大最高的愿望了。

当农民在二次土地生产经营承包后，他们逐步意识到要向一个更高的阶段发展了，向创造经济效益上发展了。由此，有些农户开始进行自家农业产业结构调整，但是这个调整对于多数农户来说都是举步维艰的。当然这里制约因素很多，但有一条是他们最大的障碍，这一条就是由于第一次土地承包时为了体现公平，地块被分为优、中、劣多种类型与等级，每家每户在不同等级的地块中都承包到相应的土地。正是这种“公平”，把一个完整的地块划分成极小的条块，当农户要自行调整农业产业结构时，就发现地块过小而无法如愿进行调整。这个问题在平原地区最为突出。

现以河南省焦作市一农户为例。2002 年他自费到山东寿光县考察学习蔬菜种植，回到家中他就在自家一块责任田里开始了实验性的种植。秋收后他没有种冬小麦，而是种了越冬大蒜。春节期间他的青蒜苗就卖了个好价钱，首战喜获丰收。到了开春，他在这块地里露地种植了部分黄瓜与番茄，看着喜人的蔬菜苗茁壮成长，他心里喜滋滋的，合计着这一茬春黄瓜与番茄一定也会和青蒜苗一样能有个良好的收益。可他的梦还没做多久，就被收割完小麦的地邻喷洒的除草剂给惊醒了。原本是很好的左邻右舍，却被这一无意事件搞成了仇敌，这户村民一次有益的尝试也由此画上了句号。因为他管不了别人种植什么，更不能管相邻村民使用什么农药。因为地块小的制约，这户农民的一次结构调整的尝试，只留下了长长的无奈的叹息！

农户依靠自身力量是无法解决政策性问题的，他们唯有依靠村集体，希望能有一个好的带头人。但是现在大多数村集体的领导干部良莠不齐，他们就是连一个上传下达之事都无法做到，更可气的是有些村官还干着“贪污”国家政策之事，他们生怕村民知道的国家政策太多，不利于他们的“管治”。

由此，我想起去年的山西黑窑工，今天的东莞苦童工。若这些村官们真正起到作用，这些可怜的孩子还能沦为黑心工头、黑心工厂的童奴吗？难道自己管辖的村子里未成年孩子长时间不见，他们可以无视这个问题的存在？他们就没有一点要负的责任？

乍一看似乎不怎么关联的问题，实则有着很深的联系。村官，不但要肩负全村村民的发展职责，更要肩负着全村村民的安危之责。

尽管农村土地承包经营到户，但在农村发展经济与新农村建设上，村官不能默然处之。他们既然是村民推举出来的领头人，就有责任与义务为本村的经济发展挑起担子来，否则新农村建设单依靠外来输血，内因不起变化，它将永远只是口号。

# 2月10日

## “5·12”地震灾后重建干部的身影在哪里?

连续几天行走在无路的大山之中，行程累计百余公里，这是我与大团鱼村村书记一起走访完全村四社共69户农家时所经历的。在这期间农民把许多诉求与抱怨通通发泄给我俩。同时，农民就灾后重建、脱贫解困也与我们作了深入的沟通与交流。

第一天走访完两个社的村民，我和村书记王正礼顶着月光，趺趺撞撞地走在静谧的大山之中。当我们回到他家时已经是凌晨两点了，清晨七点又起床吃早饭去往另外两个村继续走访。

最后一天走访完还算比较早，回到村书记家天也已黑了下来。昨天能早回去还要感谢在河道开设沙场的张老板，是他让合伙人开车送了我们10多公里路后，我们才走路上山。下山后，走了一段路，又遇见一个开出租的认识王书记，就又带了我们一段路，这样我们才得以早点儿回去。

说起沙场的这位张老板，正好是我到大团鱼村那天在村书记家认识的，他是一位转业于兰州的军人，现已退休。退休后他与人合伙在这里为灾后重建修建省道而开设了这个临时沙场。当他得知我是从上海到这里帮助农民的就对我讲，只要我用车，他会无条件支持。

几天的走访让我对大团鱼村的自然条件有了一个比较全面的了解，与农民的交谈让我听到了农民的呼声与疾苦。尤其在“5·12”地震后，农民住房的重建是当前最为迫切艰难的事情。迫切的是地震之后已近一年了，有些村民还住在帐篷与随时可能再次倒塌的房屋之中；苦涩的是没有通往村子里的路，重建房屋的材料到不了村子，还有就是没有分文资金。

大团鱼村共有四个社，242 口人。岳家湾社是全村最大、居住最为集中的一个社，共有 160 多口，30 户农户，需要重建的就有 27 户。岳家湾村民这些天最为焦急的是重建，除了雨季快到了在帐篷里不能再久住之外,还有一件事就是地方政府规定在2009年10月前一定要完成重建，否则就取消国家对每户补助的 2 万元补助金。

我 2 月 7 日（正月十三日）到了岳家湾社后，看到一家农户已经在倒塌的原址上立起了木框架。村书记带我去了现场，一位 70 多岁的老人看见我们到来后很是热切地迎了上来，又赶忙从口袋里摸出一包已经装了很久且已揉搓得皱巴巴的香烟，颤抖着手勉强抽出一根后双手递到了我的面前。在告诉老人不抽烟的同时我低头看了一眼那只烟卷，已经有 1/3 是弯曲而且是空的。

老人把自己舍不得抽的香烟给我这样一个陌生人，这是大山里的人对外人一种真诚的尊重，尤其我说话口音不同于他们本地人，老人更是把我当成哪里来的大干部。

我仔细看了老人身后木屋架脚下的地基后问他 :“你们怎么没有按照重建要求做水泥、钢筋浇筑的基础啊？只是垫一两片石头怎么能达到抗八级地震的要求呢？”老人腼腆而又木讷地说 :“没，没办法啊，不说水泥、钢筋现在还没有钱买，就河滩里的沙子没有个路也实在是背不上来。每年的化肥要背上来都把人累死累活的。你是从山下上来的，你看那么陡的坡光单人走，要爬上来也得歇好几次脚，要往上背那么多沙子怎么背得上来啊？没有个路不行啊，以前还就地去挖点泥巴打个泥巴墙就那样住了,地震后国家给钱让我们要修得结实些,可是现在什么也来不了(背不上山来)，就没得法子。希望能给我们修点儿路，不要太好的，能走就可以了，能爬上来个三轮车就可以了。”

第一天的走访，农户的呼声出奇地一致，就是希望政府帮助他们尽快修通只有四五公里的砂石路，好尽快把房子修起来，之后能够外出务工的也就可以外出务工偿还建房贷款。可是村民的这个呼声与愿望只能是在村民之间说说而已，村书记从几年前就一直为这条短短的几公里路努力与争取着，尤其在去年大地震之后村民房屋倒塌，失去了生存最基本的保障后，这条路就更显得更为迫切与重要。他多次找乡领导，得到的答复都是：马上，马上……可“马上”之后至今不见下文。

从这个大山之中的村子去乡政府一趟，往返花费的路费需要 22 元，上山下山走路还不算在内，从山上下到公路再走路到渡口就是 10 多里，乘摆渡过了白龙江还要等不知何时才有的私人运输车（不是客运的“客运”面包车），就算赶得巧正好有车，又是 30 多公里颠簸的行程后才能到了中庙乡政府。

我走访完全村的农户后，了解到村民一致的心愿与最为急迫的愿望就是这条路。村民的要求与愿望并不苛刻，这条路只要能让他们把沙子、水泥和其他建材搬运上山就可以，不想什么水泥硬化、柏油路面，有条砂石路就感激不尽了。可是他们的呼声却无人回应，听村民说这有个驻村干部，可就是没有进过山里，唯一一次就是在去年地震后，来转了一次。我听到这个情况后向村书记要了这位驻村干部的电话给他打去了电话，我问他是上班还是休息，他很是干脆地回答我：“在上班啊。”我又问他在哪里上班，他告诉我：“碧口。”碧口，是距离大团鱼村几十公里外的另外一个镇，这位驻村干部的家在那里。驻村干部就在自家“上班”，村民遇到的问题与困难怎么得以解决？怎样才能传到政府与领导的耳朵里？

村民纷纷说：“名为驻村干部，实为住家干部，领着国家的工资却干着自家的事。”是啊，不说新农村建设了，就连地震灾后的重建都不被重视与过问。不知这样的驻村干部要他还有何用？难道就是为了让他领取国家工资干自家事情吗？

# 2月13日

## 政府都是这样的效率农村发展就大有希望

由于我的手机调成静音，致使很多电话没有接听，这可急坏了文县中庙乡大盘峪村王正礼支书。他这样着急打电话并不是因为他有什么急事找我，而是陇南市政府灾后重建办、文县、中庙乡、交通局等部门的领导亲自带领交通部门的勘测人员到他们村来勘测、修路来了。

大盘峪村是陇南市文县中庙乡的一个偏僻落后的大山之中的山村，市、县、乡三级领导来为他们勘测、修路，为什么这个村支书要连连给我打电话呢？事情还得从头说来。

我于今年 2 月 7 日到了这个与四川省青川县为邻的村，这也是“5·12”地震重灾区之一。当天我就与村支书王正礼一道去看了全村第一家灾后重建的农户。当我看到已经耸立起来的房屋木架后，我惊讶地询问他为什么不按照国家对农村重灾区重建要求把地基用水泥、钢筋做好。国家给每家农户重建补助金就是为了避免再次遭受灾害时房屋又经受不住摧残。房屋的主人先是难为情地低下头说：“按说是这样，怎么也要对得起国家补助给我农民的钱呀。可是没有路水泥、沙石、钢筋上不到山上来啊，依靠人背那还不得 10 年后才能把房子修起来？”

之后在我对全村农户走访中了解到，这个大山深处的村子，灾后重建最大的障碍就是道路，这也是他们几代人期盼的。正如王支书打电话给我报喜讯时激动地套用春晚小品一句台词一样：“我们全村人八辈祖宗感谢您！我们的路终于盼来了，没有你的到来，没有你的帮助就不可能这么快（我们到陇南市政府找到灾后重建办），或者永远等不到修好路的那一天。”

走访完村民后，我先是与驻村干部取得联系未果，之后我就给陇南市委办去电话，向他们介绍了这个村灾后重建的状况和农民的心愿。市委办给了我市政府灾后重建办电话，我又对灾后重建办重复了一遍对市委办说的话，并说明我是从上海到这个村帮助这里的，希望能尽快给我一个答复，对方也非常认真地对我讲，并请我帮村上写一份情况介绍材料，发 E-mail 也可以，收到后他们将尽快处理。听完电话后我第一时间告知王书记，可在这个大山之中要发电子邮件比爬这个山还难，还不如我亲自赶往陇南市一趟。决定后，村支书也要与我一起前往，我们在上午10 点动身，还好赶上了一班从四川昭化发往陇南的一趟客车，这条通往陇南市的 506 省道是条沙石路，它盘旋于大山之中，道路的颠簸、崎岖、蜿蜒程度不亚于过山车。忍受着午餐未进、晚餐时间也已过的饥饿，在大山之中颠簸行走了近 10 个小时，在晚上七点多终于到达了该市，我们俩人草草吃了碗牛肉面就找了个旅馆住下。村支书不识字，材料只有我帮助写了。村支书鼾声响起时，我开始写大盘峪村的情况介绍材料。

第二天一早找到打印社打印了一份，我就直奔陇南市政府灾后重建办。我没有要村支书与我一起去，当时我想这件事虽是好事，但毕竟是连越三级，万一他的上级知道了责怪下来，他就得吃不了兜着走。出于这样的考虑，我就一人把材料送到重建办。重建办接待我的王姓女士非常认真地接过材料，阅后详尽地对我介绍了他们的受理与处理办法，并告诉我他们会尽快做出妥善处理的，同时她还对我说了声“谢谢”。

在离开陇南市重建办时，我想半年内能有个回复就很不错了，再说一个偏僻的小村社的事情，他们就更不会重视了。让我万万没想到的是在一周之内，陇南市政府灾后重建办主要领导就带队并协同所属县、乡领导，亲临现场与交通部门进行勘测，准备为这个小村修路了。这么快，这么高的效率我没有想到，村民与王支书更是没有想到。因此，当上级领导为他们一个小小村子的短短几公里路而亲自带队来时，他激动地给我打来电话告诉我喜讯。我没有接到他的电话，他感到有些失落，王支书说：“因为这是一个特大喜讯，应该让您第一个先知道……”

**附：《文县中庙乡大盘峪村为了灾后重建而急需政府支持修建村级路的申请情况介绍》**

大盘峪村情况介绍。我村虽属文县中庙乡管辖，但一面与四川青川县交界，一面与武都区交界，也就是处在常话所说的三不管地界。距离乡政府20多公里，还要横涉一条白龙江，过了渡口还要步行15里多路才可抵达村子，交通十分闭塞。这还不算，主要是从省道206线到我村就无路可走了，年年日日，不论小孩大人都要踩着随时都可能垮塌的石梯小道爬坡回家，生产、生活必需品都是依靠人力背上背下。

“5·12”大地震后，村民住房重建至今无法开展，其主要原因就是无路可走，水泥、沙石、钢筋等基础性建筑材料依靠人力无法运回。村民从10多年前就多次集体组织起来想依靠人力开挖这条路，可是由于是岩石峭崖无法用人力挖开而最终放弃。

这条短短五公里的路，从上世纪90年代起村民、村干部就向上级领导多次申请一直未果，去年大地震受灾之后需要重建就再也无法等下去了。

需要修建道路预计总长度预估在五公里左右，一是需要爆破岩石，二是需要大型挖掘设备，需要人力的地方可以组织村民投工投劳。

村民由于长期处在这样一个大山深处，经济极其落后，除了青壮年劳力外出打工外，村民就没有任何经济来源，因此村集体没有任何经济积累，也无力实现开通这条路的愿望。政府出于对百姓安危的考虑，对农民生命安全的考虑，在村民重建房屋上提出了抗震要求，但重建房屋的基础由于没有钢筋、水泥、沙石而至今无法启动重建。

此外，雨季一日日临近，帐篷行将老化与破损，再也无法长期居住。还有小麦、油菜也很快就要到了收获期，本就很是瘠薄的土地，很低的收成，若因无处储存而霉变又会使村民生活雪上加霜。以上都是一些极其棘手与迫切的问题。因此，我们申请市政府灾后重建办能给予支持，帮助我村修通这条“重建路”，解决村民重建家园的燃眉之急。

陇南市文县中庙乡大盘峪村村委会<br>2009年2月13日